朋友圈
传播效应
与点赞心理

Propagation Effect
and Psychology of Thumbs-up
in WeChat Moments

韩建民　李婷　编著

ZHEJIANG UNIVERSITY PRESS
浙江大学出版社

图书在版编目（CIP）数据

朋友圈传播效应与点赞心理/韩建民，李婷编著.—杭州：
浙江大学出版社，2022.3

ISBN 978-7-308-22236-5

Ⅰ.①朋… Ⅱ.①韩… ②李… Ⅲ.①互联网络－传
播媒介－影响－用户－心理健康－研究 Ⅳ.①G206.2
②R395.6

中国版本图书馆 CIP 数据核字（2022）第 008457 号

朋友圈传播效应与点赞心理

韩建民　李婷　编著

责任编辑	马一萍
责任校对	陈逸行
封面设计	壹暮椿在
出版发行	浙江大学出版社
	（杭州市天目山路 148 号　邮政编码 310007）
	（网址：http://www.zjupress.com）
排　　版	杭州浙信文化传播有限公司
印　　刷	浙江海虹彩色印务有限公司
开　　本	880mm×1230mm　1/32
印　　张	5.125
字　　数	113 千
版 印 次	2022 年 3 月第 1 版　2022 年 3 月第 1 次印刷
书　　号	ISBN 978-7-308-22236-5
定　　价	49.80 元

自 序

　　微信朋友圈已经出现十多年了。回过头看，这项新生事物给人们工作、交友、生活带来了极大的促进与转变。忽如一夜春风来，千树万树梨花开，人们的生活就此进入了一个崭新的阶段。如果说一些人对短信、微博等可以无动于衷的话，微信朋友圈则不可避免地进入了人们的生活。甚至一些老年朋友，也一举成为微信达人、朋友圈高手。同时，朋友圈也彻底改变了大众的社交状态，进入了大多数人的生活。它既像一个初恋情人一样每天让你魂牵梦萦、朝思暮想，更像带你进入了一座梦幻宫殿，让你不知所措、误打误撞、盲目神往。

　　2019年10月，在杭州西湖边的一个茶馆，浙江大学出版社总编袁亚春、总编助理葛玉丹约我和《中国出版》杂志社的两位朋友喝茶。席间大家聊起朋友圈的有关问题，普遍感到朋友圈在给大家带来方便的同时，也带来一定的负担，尤其是朋友圈里的点赞是个大课题。小小点赞往往折射出十分丰富的社会关系和复杂的交往心理。袁亚春总编希望我们策划和编写一本分析点赞心理和技术指导方面的书，由浙江大学出版社出版。大家一拍即合，认为书出版后一定会深受欢迎。

　　领了编写任务后才发现，虽然我们叫融媒体与主题出版研究院，但技术并不是我们的强项，我们也不是朋友圈的达人常客，分析心理更不是科班出身，完成起来有一定难度。袁总倒是满怀信心，他认为此书定位不是技术手册，也不是心理学专业书籍，而是一本包含社会心理分析和理论指导的准学术文化书。这么讲我们这些做编辑出版和新闻传播的同行，多少还有一些优势。

2020年疫情期间我们正式启动了本书的编写工作。我和李婷、蒋琤琤两位老师以及应珑珑同学参与了前期若干次讨论。大家在讨论中把自己对朋友圈交往的心得体会进行充分交流，再经过观点碰撞进行学理层面的梳理，逐渐形成了本书的基本框架。应珑珑同学进行了会议内容记录和文字整理工作。

李婷老师2018年9月经王强院长介绍来研究院做院长助理。她几年来勤勤恳恳地支持着我们的工作，做出了很大贡献。在高校一部分人功利主义相对强势的时代，她的兢兢业业实属难得。这本书的统稿工作由李婷老师完成。蒋琤琤老师也是我们研究院的助理之一，几年来参与了大量学术文化工作，对本书她也贡献了很多智慧。

说实话，来杭州工作几年最大的收获是遇到了一群人品好、有才华、有前途的年轻人。这些年轻同事不仅在工作上给我很大支持，而且让我看到了杭州电子科技大学的未来和希望。

编写《朋友圈传播效应与点赞心理》这本书也让我思考了新时代人们交友遇到的若干问题。随着微信朋友圈的普及，人们的朋友世界变得扁平，经年不见的同学、朋友每天晚上"浩浩荡荡"信息不断，可新鲜感、亲切感逐渐丧失。微信朋友圈的深入发展使我们的朋友世界呈现出了三个新的特点:一是油腻,二是脆弱,三是冷漠。油腻表现在有一些原来感觉不错的朋友,每天在朋友圈里表达一些你不感兴趣或者不认同的东西,时间一久,自然油腻丛生,新鲜全无,视为平常,甚至稍有烦腻。我有时也在思考这种油腻会不会影响线下的友情和交往,仔细想来,答案应该是肯定的,所以也理解了许多朋友潜水的深层境界。

第二个特点就是微信朋友圈使同学、朋友关系变得扁平脆弱。大部分人本来学习、工作一天已经很累了,晚上许多朋友、同事又发了一堆需要点赞的"重磅信息",有委婉透露工作成就的,有变相表扬自己不容易的,更有展示自己小孩聪明伶俐的,等等。这些信息各位可一定要小心。人家处心积虑发的朋友圈,如果你不注意没有点赞,或者只给一部分人点了,那么有些"发圈"人会比较敏感,轻者稍有不悦,一带而过,重者日积月累形成积怨,甚至影响了线下关系。当然另外一方面,朋友圈点赞也确实反映了现实中的亲疏与价值认同,把现实那么多纵深复杂的关系短时间折射到朋友圈的扁平界面上,确实让我们的社交变得非常脆弱,并且成了一种负担。

至于冷漠,可能大家更能理解,过去交往互换名片,现在见面加微信,自己的微信通讯录里来了成千上万的准陌生人,相当一部分人并不具备深度交往的条件,只是一次性交友的"逢场之戏",但这些人的信息流又客观真实地来到了你的眼前,由于没有感情基础,其中的大部分形同路人,擦肩而过,甚至没有一笑,朋友圈世界的冷漠也在于此。就像在热闹的街道上,对于你费尽心思的表演,大多数人却习以为常,目不斜视。所以凡事有利有弊，朋友圈给我们方便和快乐的同时也带来了烦恼和危机。

近年来去餐馆吃饭在被要求扫码点餐时，我总是要"教育"一下服务员：扫码点餐是非人性化的。人又不是机器。难道吃饭仅是为了填饱肚子吗？人们吃饭其实是一种休息和交流，吃的是文化和感受，需要和服务员交流、判断。科学史之父萨顿早就说过"技术冒险主义早晚要毁掉整个人类社会"，随着人脸识别、扫码技术等的全面普及，人们确实来到了一个功利强文化弱的技术主导型市场社会。

我们希望通过这本书，让人们不仅了解朋友圈的传播方式和点赞心理，也能反思技术的疯狂冒进给人类心理文化带来了什么，利弊到底怎样。这确实是到了值得充分估量、系统思考的时候。

在本书的编辑出版过程中，浙江大学出版社马一萍编辑付出了大量心血。小马编辑工作认真、上进心强，是个可塑之才，通过她的工作我们看到了浙江大学出版社的底蕴和规范。袁亚春总编、葛玉丹老师等也为此书出版做了大量建设性工作。在本书的编写过程中，我们参考了一些文献和资料，有些文献我们已经在页下或书后注明，有些公众号文章和网络文章一时无法查到源头和出处，在此一并感谢。我们真心期待这本书既能帮助大家化解朋友圈里的点赞烦恼，又能让人们对新技术、新业态闯入社会生活进行长远和深层次的思考。

韩建民

2022 年 1 月 21 日

目　录

第 1 章　诱惑人的"圈"和"群"

朋友圈究竟是怎样的一个"圈" / 003

"圈"的定义和功能 / 004

由通讯录中联系人所组成的状态的集合

延伸效应在一定程度上可以刺激传播

分享具有个人化和社会化的不同侧面

"圈"的特点 / 006

展示人设的舞台

复杂的准公共空间

快速传播信息的平台

展示"生活"的万花筒

你的"圈"里有多少个"群" / 011

"群"的定义和分类 / 011

"群"是"圈"的分支

"群"有形且可控

"群"是同类人的聚合

"群"的不同类别

"群"的规则 / 013

存在互动性需求

跟队形现象明显

要有自己的判断

越过"圈"与"群",私聊更轻松 / 015

私聊的形式 / 015

根据私聊环境选择私聊形式

你会在朋友圈公开"私聊"吗

选择语音 / 视频聊天需谨慎

私聊的细节 / 017

不想回复信息时的做法

"截屏 / 晒屏"的可信度

相同表情的不同内涵

不能"秒回"时怎么办

第2章 朋友圈里的人物类别

朋友圈有多少种 / 022

按发"圈"的目的、功能分 / 022

记录生活型

客观宣传型

过度显摆型

享受快乐型

"凡尔赛"型

直抒胸臆型

商业推广型

转发集赞型

按发"圈"的频率分 / 024

高频活跃型

规律谨慎型

偶然冒泡型

只赞不发型

深度潜水型

泾渭分明型

销声匿迹型

朋友圈经典行为大赏及其心理探析 / 027

朋友圈里的经典类行为 / 027

"潜水"

"焦虑"

"躺平"

"自恋"

"凡尔赛"

"× 天可见"

为什么有人不发"圈" / 043

不屑：人类的悲欢并不相通

不敢：思前想后不如落个轻松

不信：朋友圈和生活是不同的世界

为什么有人热衷发"圈" / 047

生理与安全需要

社交需要

认同需要

设置允许查看范围是出于什么样的心理 / 053

设置三天可见

设置一个月可见

设置半年可见

设置全部可见

从"三天可见"到"全部可见",反映了怎样的
　心理 / 055

用户对隐私日益关注

被窥探人的正当防卫

虚拟社交下的群体性孤独

逐渐消失的社交存在感

第3章　"圈"和"群"的技术性和时效性心理

"圈"和"群"的技术处理心理 / 063

"圈"和"群"里的技术性功能 / 063

"附近的人"

"摇一摇"

"拍一拍"

视频分享

位置分享与实时位置共享

"撤回"

@某人,对方提到了你

添加我的方式、向我推荐通讯录朋友

允许陌生人查看十条朋友圈

朋友权限设置

"加入黑名单"

"删除好友"

查看原图

"圈"或"群"的规则与效应 / 070

说话应该有分寸

互动不必太频繁

不过度炫耀、显摆

对他人多支持鼓励

积极传播正能量

忌讳吐槽、谩骂

不诉苦，不传播消极情绪

不要刷屏

发表评论对事不对人

不要总是"潜水"

如何将朋友圈营造成一个"高活跃社区" / 073

回复所有评论

积极点赞他人朋友圈

严格控制朋友圈内容

坚持分类且控制发布频次

与朋友保持良好关系

根据不同场景切换不同账号

在互动中如何使用表情符号 / 078

表情符号的复杂内涵 / 078

不同年龄层对表情符号的理解不一
不同国家对表情符号的理解不一
不同类型的表情符号的适用对象不一
根据情景使用合适的表情符号
制作真人表情包是否侵犯了他人的肖像权

表情符号的作用 / 080

有效避免尴尬
将正面效果最大化
婉转表达情绪
缓和气氛、增进情感

第 4 章　朋友圈分类点赞心理

什么是点赞 / 087

点赞的定义及作用 / 087

点赞的类型 / 090

首赞
尾赞
跟赞
选赞
深赞
帮赞

尬赞

全赞

滑赞

回赞

幸灾乐祸式点赞

"不得不"点赞

如何看待不同的点赞 / 096

哪些情况一定要点赞 / 097

他人偶尔发"圈",一定要点赞

记录人生重大节点,一定要点赞

新加好友时,要多点赞

志趣相投,要点赞

他人给你点赞之后,一定要礼貌地回赞

他人发布原创内容时,要点赞

什么情况下要有技巧地点赞 / 099

想要引起他人注意时,切忌秒赞

刚成为朋友时,适度多点赞

德高望重者发"圈",最好点赞加评论

甲方发了朋友圈,视情况点赞

好友发"圈"哭诉遇到倒霉事,可点赞调侃

毫无意义的朋友圈,可视情况点赞

讨厌某个人时,用点赞来隐晦表达态度

哪些情况下,点赞存在高风险 / 102

存在降维打击的可能性时,谨慎点赞

特殊时段里，谨慎点赞

朋友圈内容同质化时，全赞或不赞

不要过早给"社交达人"点赞

如何赢得高赞 / 103

合适的时机很重要

选择合适的语言及形式

运用霍桑效应和焦点效应转变表达方式

运用他人转发的力量

掌握朋友圈规律

如何给他人点赞 / 107

给领导和同事点赞要注意的问题 / 107

要避免选择性点赞

不要光转发不点赞

给家人、亲戚点赞要注意的问题 / 109

尊重长辈

避免谈钱

正视传统

朋友的类别 / 114

强相关者

弱相关者

特别知己

特殊朋友

给朋友点赞的心理 / 116

维持关系型点赞

观点主张型点赞

照顾周到式点赞

深度认同型点赞

商业目的型点赞

功利目的型点赞

情感目的型点赞

第 5 章　朋友圈的未来与思考

朋友圈是一个显微镜 / 121

朋友圈里有什么 / 122

生活中的另一面

性格、个性

文化修养与学识水平

价值观

喜怒哀乐

不同性格特点的人发布的朋友圈有区别吗 / 125

朋友圈的陷阱有哪些 / 126

泄漏彼此的个人隐私

照片陷阱

真实场所陷阱

语言陷阱

被粉饰甚至伪造的现实

朋友圈未来的思考 / 132

朋友圈的积极效应 / 132

增进人们的联系与了解

形成一种变相的教育传播

有利于思想观点的传播

折射信息流广告的趣味现象

朋友圈的消极效应 / 134

被迫社交

社交压力

信息过载

嫉妒心理加剧

自我焦虑

朋友圈未来趋势 / 141

内容属性发生变化

构成发生变化

功利性增强

同质化内容泛滥

挣脱"过滤罩"中的小世界

个性化定制

倒逼线下社交，回归真实社交

参考文献 / 147

第 1 章

诱惑人的"圈"和"群"

朋友圈究竟是怎样的一个"圈"

荀子曰："人之生而不能无群。"群体为个人提供安全感、责任感、亲情、友情、关心和支持，对个人健康的生存和发展起着重要的作用。亚伯拉罕·马斯洛（Abraham Maslow）将人的需求从低到高划分为五个层次，其中情感和获得归属的需要被划分到第三个层次。心理学家罗伊·鲍迈斯特（Roy Baumeister）也曾指出："归属的需要，是人们建立和维持一个持久的、积极的人际关系的基础。"由此可见归属感对人的生存和交往的重要性。微信朋友圈的横空出世和流行至今正是迎合和满足了现代人对归属感的需求。朋友圈中的"圈"字，表明了朋友圈实际上是一个群体划分，或者是一群人在网络上的集合体，圈中人与外界有了一个界线，做了明显的区分。一个"圈"中的朋友彼此之间可以相互看到信息，并且会对他人发布的信息做出回应，其乐融融的气氛为圈中的每个人提供了一定的归属感、安全感和满足感。微信朋友圈能在很大程度上满足人的自我表露、信息分享、自我塑造、排解焦虑、获得归属感等心理需求，用户使用心理的满足是朋友圈备受追捧的一大原因。除此之外，微信朋友圈作为现实社交圈在网络上的映射，为大家提供了一个在线上相互交流的平台，满足了用户获取信息的需要。

"圈"的定义和功能

圈和群的概念其实早就存在。早期社会中，同一地域的人处于一个相同的圈子中，拥有相同兴趣爱好或是存在某种相关利益的人便形成了相应的群。这是存在于现实社会中的圈和群。本书所探讨的"圈"与"群"虽然有的是现实生活中圈与群的延伸或复制，但更多指向虚拟社会中的交往关系，可以从三个层面来理解。

1. 由通讯录中联系人所组成的状态的集合

从物理意义上来说，朋友圈是有形的，是指一个人通讯录中联系人所组成的状态的集合。朋友圈的英文翻译是"Moments"，说明其功能是展现人的生活动态，向他人分享即时的心态。微信作为发布"Moments"的平台，则是一种自媒体，人们可以自由地使用它发表观点。

2. 延伸效应在一定程度上可以刺激传播

从社会意义上来说，朋友圈是无形的、不可控的。朋友圈具有一种延伸效应，能够起到刺激传播的作用，你的朋友圈内容一旦发出，就脱离了你的控制，它们可能被不断地复制、转发并向着你所想象不到的更大范围传播。朋友圈的传播为我们带来利益、提供帮助，具有实用功能；朋友圈作为社交场域，还起到促进人与人之间情感交流的作用，人们在朋友圈互相点赞、评论，加强了彼此之间的情感联系。

　　人们为什么热衷网络社交呢？哈佛大学的研究人员通过 5 种不同的大脑成像方式与行为实验，得出一个结论：人们通过网络社交工具谈论自己，并与他人分享自己的想法，大脑中会产生一种类似事物或金钱带来的愉悦感。也就是说，在社交平台上的分享行为可以让用户产生愉悦感，这种伴随生理愉悦感而来的吸引力是先于深思熟虑的动机发生的。"晒"行为早在QQ 空间、新浪微博时期就被大量用户实践，微博更是以"随时随地分享身边的新鲜事儿"的口号，建立了以用户生成内容（UGC）为基础的社交媒介。而微信是以熟人圈子为基础建立的，与微博的开放式分享相比，微信的分享更加私密。微信朋友圈的熟人网络和简洁的设计，恰好符合小范围、私人的分享与互动，用户可以通过在朋友圈的点赞、评论、分享行为，迅速地进行亲密的互动，同时还具有一定私密性，甚至可以多个回合互动。[1]

---

[1] 徐正彦.朋友圈晒美食的心理机制和社会影响分析[J].新闻研究导刊，2017（8）：85.

3. 分享具有个人化和社会化的不同侧面

从心理意义上来说，人们通过朋友圈将自己的心理状态公之于众，是大范围的分享与交流。在分享的过程中，人们的精神需要得到满足，反映出"宣泄情感、诉求意见、从众"的社交心理。我们通过朋友圈可以看到一个人的兴趣爱好与性格特征，虽然我们也能知道一些人在朋友圈中营造虚假人设或是只向外界展示自己美好的一面，但这也从侧面展现了朋友圈的社会化与人性化。没有互联网的时候，我们了解一个人主要通过面对面的交往；然而在互联网时代，每个人的"语言"和"神色"其实都不知不觉地在朋友圈中以各种不同的方式流露着。

"圈"的特点

1. 展示人设的舞台

社交是人类最原始的需求，每个人都需要在群体里获得归属感和认同感。为了让他人认同自己，有时需要向外界展现出一个"更好的自己"，这也就是如今我们在朋友圈里所看到的或展现出来的可能与实际学习、工作或生活中表现出的截然不同的内容。

如今，微信已经不仅仅是一个社交软件，而是一个巨大的生态体系，但社交始终是其最基础的属性，也正是靠着庞大的社交关系，建立在此之上的公众号平台、小程序、企业微信等功能才能够实现，而朋友圈则是微信整个链条中非常重要的一环。

"微信之父"张小龙在知乎上曾回答过一个问题：沟通的本质是什么。他给出的答案是："沟通就是把自己的人设强加给对方的过程。"后来，他又在微信公开课上说："发朋友圈，其实就是把自己的人设带给所有朋友，放到所有朋友的脑袋里面的过程，朋友圈是一个表现自己的地方。"

一般情况下，只有认识的、熟悉的亲朋好友才能互相添加好友，并看到彼此的朋友圈的内容，所以朋友圈具有一定的私人属性。但由于近年来微信的飞速发展，所谓的"朋友圈"迅速泛化，再加上朋友圈内容也存在被随时转发的可能性，故而它又区别于完全的、绝对的私人领域而带有一定的公共性。

随着微信所承载的功能越来越多，它已经不仅仅是亲密关系的沟通平台了。几百上千个好友中，可能存在朋友、同事、客户、亲戚，甚至萍水相逢或江湖再见等多种关系。面对这些不同的关系，每个人所要表现的自我并不相同，发朋友圈这一简单的社交行为开始让越来越多的人感受到无形的压力。

"朋友圈像是个广场，你去点赞或者是评论意味着你在广场上公开地、大声地说了一句话，意味着广场上很多人都可以听到，这样带来的压力感比较强。当好友越来越多，可能这股压力也会越来越大。"经历了数年的演变，现在发朋友圈，我们时刻都在进行"自我审查"：哪些话不能说，哪些话要变个味儿，哪些话要小心翼翼地设分组可见；选择性地把公众号的文章转发到朋友圈，以表达自己的乐趣、立场、价值观或社会关怀。

2. 复杂的准公共空间

公众号和朋友圈提供了一个讨论公共议题的平台，人们通过公众号推文和朋友圈关注着时事，表达着观点、立场乃至权益、诉求。但与微博不同的是，这一平台的公共空间是非常有限的，订阅者只能在朋友圈转发评论。即便从 2015 年起，微信公众号开通了留言功能，但留言需要经过公众号精选才能显示，数量有上限，更重要的是，留言者之间不能互评，相互不能交流，所形成的公共讨论十分受限。即便朋友圈内可以互评，但仅限于好友间，与微博不可同日而语。更重要的问题是，发展到今天，微信的私人空间和公共领域、陌生人和熟人关系，已经彼此交叉产生了一股张力，相互拉扯，分不开了。

2012 年，很可能是我们距离"熟人社会"最近的时刻。从同学、朋友到家人，都把微信作为即时通信工具使用。熟人社会时期的微信，朋友圈的"评论"和"点赞"互动频率最高，大家投入最认真，彼此间的紧张感最轻。

但这样的状态维持得并不久。今天的微信俨然成了一个集社交、资讯、购物乃至金融于一身的综合平台。微信在页面和功能的设计上不断进行版本更新升级，用户黏性不断增强，因而变成了一个社交场合上的通行名片，工作中、生意上、聚会时，逢人便互加微信。运营商也顺势将个人资料页改名为"名片"。

这一走向意味着微信正在远离"熟人社会"。人们迎来的是半熟悉半陌生的社交状态：彼此添加了微信，可能寒暄过就再也没有联系了，如果有事要商议或相求，提前几天关注一下对方的朋友圈，点赞一下就可以混"脸熟"。

哪些话不能说，哪些文章不能分享，哪些内容又只能"分组可见"，看似简单的操作背后，是我们纠结和不太轻松的"自我审查"。这些顾虑，既可能是情感上的，比如不愿意让父母或亲人看到自己的状态，不敢面对价值观不同的人群带来的冲击，索性将之屏蔽或分组；同样可能是单纯不希望其中一些微信好友看到自己的另一面，而把这些内容隐藏起来。添加的好友，类别越多，相互间差别越大，需要的分组就可能越复杂。

但更紧张的顾虑，或许还是毕业走上工作岗位后，面对相对复杂的职场环境，不敢轻易表露内在的情绪、不敢愤世嫉俗、不能消极颓废，还不得不谨慎地剔除掉那些带有强烈个人情绪的内容，再选择设置分组可见或不可见。不然的话，轻则被批评，重则被边缘化。如果索性拒绝朋友圈，不再发任何内容，结果可能因为朋友圈长期不更新内容，而被他人误认为是将其拉黑或"分组"了，面临的紧张同样存在。

3. 快速传播信息的平台

如今，朋友圈逐渐成了人们获取信息的主要渠道，信息在朋友圈的指数级传播使得我们可以第一时间了解到最新的信息，这体现了朋友圈的即时性与快速性的特点。但这也带来了信息茧房的问题，我们获取信息的渠道会局限于自己的朋友圈，而选择性心理则会导致信息视野狭窄以及观点、立场固化等问题。

4. 展示"生活"的万花筒

人们高估周围人对自己外表和行为的关注度时，就会表现出社会心理学中的"焦点效应"。通过朋友圈，人们可以根据不同需要塑造自己的形象，给自己合适的定位，呈现"理想型自我"。在个人发展过程中，由于现实的束缚和某些不可抗力的作用，社会大众普遍会在心理层面保持对自我的期待与追求，进而在头脑中描摹理想的自我画像。在朋友圈发布内容之前，个人会预先判断该类内容是否符合自我理想形象所应当具备的特质。在这种模式下，分享的内容在一定程度上象征着我们想要成为的自我。

加拿大社会学家欧文·戈夫曼（Erving Goffman）的前台和后台理论表明，"人们在互动过程中按一定的常规程序即剧本扮演自己的多种角色，表演中人们都试图控制自己留给他人的印象，通过言语、姿态等表现来使他人形成自己所希望的印象"。朋友圈既有社会现实的严肃性与真实性，又有生活娱乐的虚构性。它时而外化为"前台"，偶尔呈现出"后台"，人们则在其中呈现出一个又一个"日子"、场景，无论春和景明还是黯淡幽微，它们共同组成一部"生命大辞典"，等待他人去阅读、品咂。

你的"圈"里有多少个"群"

"群"的定义和分类

1. "群"是"圈"的分支

从物理意义上来说,"群"属于"圈"的分支,我们根据不同的目标对圈层的成员进行区分与归类,从而形成一个又一个具有不同性质的小群。

2. "群"有形且可控

从社会意义上来说,"群"是有形且可控的,相对于圈层来说更为收敛。一个群的组成可以由群主决定,群里哪些人应该存在、哪些人不应该存在、主要用途是什么都可以有形地展现出来。群里的成员不会认为自己有传播他人发布的内容的义务,因此基本不会做出向外传播的行为。同时,群能够实现对内容传播范围的控制。

3. "群"是同类人的聚合

从心理意义上来说，"群"是小范围群体内部交流的平台，原则意义上是一种亲密的、存在某种联系的同类人的聚合。

4. "群"的不同类别

不同目的形成不同类型的"群"——工作群、学习群、资源群、项目群等。从维持时间角度分类，有短期性和长期性的群；从性质上分类，又有软群和硬群，硬群以工作群为典型，此类群活跃度较高并且存在大量需要阅读的信息；软群则以亲朋好友群为典型，以感情交流为主要功能，具有线上线下同步活跃的特点。

微信在公私领域之间创造出了新的空间。传统的媒介要么是一对一私密的（信件、电话等），要么是完全公开的（广播、电视、报纸等）。而微信不一样，它针对的是某个群体，这个群体可大可小，游走于绝对的私与绝对的公之间。王心远博士在访谈中表示："微信不是单纯地拉近或者疏离了社交距离，它只是把人放在了恰当的、可以调控的距离上，能够低成本地维持人际关系，形成一种'可控性社交'。"大家都或多或少地处在某些群组里面，少则三四人，多则几百人。

这也挑战了我们对于公私界线的理解：到底什么算"私"什么算"公"？基于不同的主题，每天都有不计其数的群组在各个社交媒体上被创造出来。"群"既可以用来巩固已有的人际关系，也可以在共同兴趣爱好的基础上发展出新的友谊，而我们的社会关系也有可能因为被打乱而不得不重新组合。

除了家庭群组相对稳定之外，其他的群组都是多样化的、不稳定的、相互重合的。人们可以根据自己的兴趣和需求加入形形色色的群组。而这些不同的社交圈子可能传播着完全不同的内容。有意思的是，和日常生活中一样，由于大家的关注点不同，很多内容即使是公开的，也并不会被不同的圈子分享。研究人员对中国沿海地区中的 145 名打工者和上海的 55 名中产者的社交媒体使用情况进行了为期 4 个月的观察，发现这些人分享的6000 篇文章里重合的只有一篇。互联网或许提供了足够多的开放信息，但多数人仍生活在自己思维的高墙之内。[1]

"群"的规则

1. 存在互动性需求

在日常的工作群中，人们需要对群里的内容有所回应和表示，这是一种群体认知的体现，也是"群"给成员们在无形之中定下

---

[1] 王旻彦. 微信朋友圈自我呈现的规训研究［D］. 广州：华南理工大学，2020.

的"规矩"——群里的成员们需要有所互动，才能保持"群"的活跃度。

2. 跟队形现象明显

跟队形现象（也称"复读机"现象）明显。工作群或是项目群中有相关人发布了某条通知类信息的时候，许多人为了反馈自己"已收到"信息会在群里回复"收到"或是"好的"等词语，即使是平日不怎么发言的人在看到别人回复的时候也会迫于一种无形的压力在群里做回复，此时群里便会呈现整齐的跟队形的现象。同样的语句在群内刷屏，十分齐整和壮观。

3. 要有自己的判断

对于比较敏感的事情，自己要有相对明确的观点和判断。相较于"圈"而言，群友的联系更紧密，我们有时候需要在群中表达明确的观点和态度。以工作群为例，当群里有相关任务的通知时，大部分人无法做群里的"潜水者"，必须要对消息做出收到、了解等明确的回应，不闻不问者随时有可能被"抓"出来询问。

越过"圈"与"群"，私聊更轻松

私聊的形式

1. 根据私聊环境选择私聊形式

要学会根据私聊环境恰当选择私聊的形式，比如当一个人在工作时，给他发信息尽量不要使用语音，以免给对方带来不便；当对方在开车时使用语音就比较好，这样对方不会因为看文字内容而分散了注意力。

2. 你会在朋友圈公开"私聊"吗

朋友圈里双向的评论互动，属于面向公众的私聊，或者说是公开的私聊。例如，在某一方的朋友圈下进行长篇的评论互动，完全忽视了共同好友对彼此评论可见的情况，这种行为体现出的是以自我为中心的心理，是一个值得注意的问题。即使私聊的内容不涉及太多的隐私，但是共同点赞或评论的人会收到多条与自己无关的"提示"，这样不仅打扰了他人，而且"霸屏式"的长篇互动在视觉感官上也会给人带来不适。

3. 选择语音 / 视频聊天需谨慎

现代人喜欢方便与简单，倾向于尽可能通过一个渠道完成所有自己想做的事情，微信功能的日益强大则满足着这样一种心理。使用网络即可进行的免费语音通话与视频聊天，逐渐取代了传统的收费式通信电话。方便快捷的微信语音通话往往成为多数人的首选。但是，并非所有场合都适合进行微信语音通话：如果对方正忙，无法抽身对你突然发起的语音聊天予以回复，不知情况的你可能会生气，收到语音聊天的对方也可能会觉得你缺乏基本的礼仪，因为你没有事先询问对方是否可以接听这样一通电话；如果一方或双方的网络环境很差，微信语音通话的质量也会受到影响，进而给彼此带来不好的体验。

视频聊天更是需要注意不少问题。首先，你需要明确你所要视频的对象是否愿意与你进行视频聊天，露脸式的视频聊天更多被用于和家人或亲密好友聊天的场景中，它具有一种私密性，关系一般的人若是贸然发起视频聊天恐怕会带来不必要的尴尬。其次，网络环境的质量对视频聊天的影响更大，你随时有可能在对方的屏幕中"一动不动"，而且聊天质量也不如其他方式。

私聊的细节

1. 不想回复信息时的做法

许多看似简单的文字在不同的对话场景下会带有不同的含义。如"哦"字，在一般场合下所表达的语气是平淡的，没有太多含义；但如果别人发了一大串的消息，你只回复了"哦"，这种情况下一个简单的"哦"字就显得有些轻描淡写或漫不经心。不想回复对方发出的消息时，要注意文字的运用，可以采取直接不回复的方式或是声东击西法（转移话题并能巧妙结束交流）。避免使用表情包作为回复，因为多数表情包都自带某种含义，会赋予你的回复一定的感情色彩，一不小心就可能让对方误解。

2. "截屏/晒屏"的可信度

随意地截屏私聊内容并发布朋友圈是私聊和发"圈"中的一大禁忌。也许私聊内容不具备多少私密性，但这依然是一种不合适的行为。在截屏发朋友圈之前，你需要征得私聊内容相关人员的许可，并裁剪掉截图中出现的名字与头像等涉及个人隐私的信息，这是截屏的一个基本礼仪（具体的截屏礼仪会在后面的章节展开叙述）。

截屏还存在着重重陷阱。如今强大的图片处理技术为作假伪造提供了更多便利，有心人士通过简单的 P 图——换头像、修改名称等，就能让一张聊天截屏变得面目全非。"眼见为实"的观点在如今被不断推翻，因此我们看到朋友圈流出的截屏时，不要轻易相信，也不要轻易发表相关言论甚至进行转发扩散。

3. 相同表情的不同内涵

表情包是一种利用图片来表达感情的方式。社交软件活跃之后，表情包变成了一种流行文化。表情包的作用也暗示了它是带有情感含义的，而且在不同场合下或是对不同年龄的人来说，它的含义会有所不同。简单的一个"微笑"表情，在长辈看来只是表示最普通的表情——微笑；但对年轻人而言，它更多是被理解为"表面乐呵呵，内心很不满""无言以对"等。如果在请求别人帮忙或是在和年轻人的私聊中发出"微笑"表情，就很有可能让对方误解。

4. 不能"秒回"时怎么办

不能及时回复消息的时候，应礼貌地加上一句"不好意思"。我们常常会因为学习、工作或是其他事情而不能及时查看微信消息，可能在对方消息发来的一两个小时之后才做出回应。那么此时，仅仅回复消息可能显得不太礼貌。在回复前先说一句"不好意思，刚才有事不能及时回复"不仅表达尊重，而且会给对方带去较好的心理体验。

第 2 章

朋友圈里的人物类别

　　朋友圈里不只有朋友，它是一处"江湖"，亦是人性的"修罗场"。场域理论是社会心理学的主要理论之一，是关于人类行为的一种概念模式，它源于 19 世纪中叶的物理学概念。场域是指一个人在他所处的环境中，所有共同存在、相互倚赖的因素。人的每一个行动均被行动所发生的场域影响着，场域中的所有现象都有潜在的同等关联，人或环境的任何一部分微小的改变，都会透过整体而显露。

　　在自媒体时代，朋友圈心理场域显然是积极而又有效的。自媒体社交平台已经成为网民生活中不可分割的一部分。人们会在朋友圈中宣泄和表达情绪，寻求心理共鸣；会在朋友圈中树立自我形象，拓宽社交渠道；会在朋友圈中评论时事，表明立场。正是这种资源的共享性使得朋友圈内形成了一个个私密的组织，不被陌生人打扰使得圈内的感情更加牢固。[1] 在朋友圈内，无论成员彼此间是否为现实中的好友，人们都会被别人的情感表达潜移默化地影响着，一个人微小的改变，都会透过朋友圈而显露、放大。朋友圈，已经成为人们生活中重要的心理场域。

---

[1] 章煜琦. 浅析朋友圈 ins 风野餐文化现象——充满仪式感的心理精装修 [J]. 新闻研究导刊，2020（10）：82-83.

朋友圈有多少种

按发"圈"的目的、功能分

1. 记录生活型

微信朋友圈的英文叫 Moments，可以理解为微信朋友圈的"初心"，即分享生活中的"片刻"和"瞬间"。此类型的群体会随时随地在朋友圈中发布自己的生活动态，记录当下的心情与感受。此类型最贴近朋友圈设立的初衷——分享生活动态，人们在分享的过程中感受到快乐，同时收获一份自我认同感。

2. 客观宣传型

此类型的群体会因工作或其他的需要而在朋友圈做必要的宣传，多以职业形象出现在朋友圈，较少展现自己工作之外的生活动态。

3. 过度显摆型

每个人都会有一定程度的虚荣心，虚荣心过度的人则会在朋友圈中过度显摆。朋友圈成为其炫耀的平台和窗口。

4. 享受快乐型

在朋友圈没有出现之前，部分群体尤其是老年人会因为现实社交途径狭窄或社交活动匮乏而时常感到孤独与苦闷。朋友圈的出现，赋予这类群体新的社交空间，他们以一种新的方式"回到社会"，在朋友圈内分享自己的生活，与亲朋好友聊天，获得了极大的满足感。

5. "凡尔赛"型

他们在朋友圈发布的内容，表面上看是在对某人或某事进行吐槽或是指责，实际上是在进行别样的炫耀与显摆。

6. 直抒胸臆型

此类型群体的朋友圈通常呈现出"剑拔弩张"的状态，他们会直爽地在朋友圈里吐槽或发泄。

7. 商业推广型

这种类型的群体每天会在朋友圈发布数十条信息，以刷屏的方式宣传与推销产品，微商就是其中典型的一类，也有其他群体为拉赞助或达到商业目的，不得不在朋友圈发布关于甲方的宣传海报或推文。

8. 转发集赞型

许多公众号或是个人账号为扩大自己的粉丝数量而采用抽奖宣传方式，但获得抽奖资格的条件往往是分享抽奖的内容（这样能借助粉丝力量进行更大范围的宣传），抱着"说不定就中奖了"心态的群体会主动地在自己的朋友圈转发，甚至发出集赞求助。此类型和商业推广型比较相似，但是多用于消费者群体。

按发"圈"的频率分

1. 高频活跃型

此类型群体发朋友圈的频率通常较高，日均发朋友圈大于一条。他们每天都会在自己的"圈"里发布大量的信息，有时甚至出现刷屏现象。高频活跃型群体中可能存在的一类是微商，他们需要每天发布产品信息，扩大宣传，实现营销目的；还有可能是一些随心而发的个体，他们不会刻意去筛选要发布的内容，只是将朋友圈作为自己生活的记录本、人际交流场所甚至发泄之地，随时随地分享自己的所思所想。当然，还可能是喜欢显摆的人，他们通过高频率的发布展现自己。

2. 规律谨慎型

此类型群体发朋友圈的频率较为稳定，基本每天只发一条。这种类型相对于活跃型比较沉稳，他们也喜欢分享生活，但不会每时每刻分享，而是选择自己最喜欢的一条来发布。朋友圈是分享生活的好场所，但在现实中他们也会有自己的圈子，不会过度依赖朋友圈。

3. 偶然冒泡型

此类型群体发朋友圈的频率较低，一个月或几个月才发一条朋友圈，这些朋友圈的内容往往是他们感觉比较重要的事务。这类群体不太喜欢在朋友圈过度展现自己，更注重现实的人际交往和面对面分享。

4. 只赞不发型

此类型群体会经常点赞他人发的朋友圈，但是自己却一条都不发。不发朋友圈的原因有很多种，一是朋友圈的好友类型复杂，发一条朋友圈需要屏蔽好多人，相对来说不发更为轻松；二是认为自己的生活有适合单独分享的对象，没有必要发在朋友圈里展示；三是不愿意过多地曝光自己的生活，他们不愿意将自己的生活公开在别人面前。但是他们会关注他人的朋友圈，会给自己感兴趣的朋友圈点赞，毕竟不喜欢发不代表不喜欢看别人的朋友圈。网络上有人称之为"朋友圈氛围组"，特指这些不爱发朋友圈但热衷给别人点赞捧场的微信好友。你从早到晚看不到他的朋友圈动态，但一连串好友动态下都有他的点赞。

5. 深度潜水型

此类型群体既不发朋友圈也不给他人的朋友圈点赞。他们没有分享生活动态的习惯，也不会去在意圈中好友发布的动态信息。也许微信对潜水型来说只是用于人际交往的一种网络社交工具。

6. 泾渭分明型

此类型群体具体表现为在圈里默不作声——不发朋友圈也不怎么给别人点赞，但是在群里十分活跃。在前面我们提到"群"是同类人的聚合，这意味着群更具有针对性，有些群里的人可能在某一方面志同道合，那么这种"泾渭分明"类型的人更喜欢在这种由相同思想的人聚集的群里分享、发表观点，同时能收到更有效的反馈。

7. 销声匿迹型

此类型群体因为换了手机号创建了新的微信账号，又没有将以往的联系人迁移到新号里，所以接收不到旧号里好友发来的信息，更无法做出回复，而发消息的人并不知道这一情况，可能会造成误会并影响到双方的感情交流。

朋友圈经典行为大赏及其心理探析

朋友圈里的经典类行为

1. "潜水"

微信是国民级社交软件。微信官方称，微信日活跃用户数约为 10 亿人，每天有 7.5 亿人发布朋友圈，可见朋友圈的产品接受度高、黏性强。

有意思的是，如果你统计过朋友圈单日信息总条数，再除以好友总人数（可在微信通讯录底部查看），就不难发现：经常发布朋友圈的人还是占少数。这意味着，绝大部分人在"潜水"。

"潜水"分两种：一种是只看不发，但较为频繁地点赞、评论；另一种不仅只看不发，也不轻易参与互动，"潜"得彻底。

很多人"不发"朋友圈。为何？除去时间因素，关键是因为"社交压力"。微信朋友圈在带给人们社交便利的同时，也显著加大了社交压力。尤其是那些职场"大牛"，他们人脉广、社交关系复杂，摆脱这种压力的上策便是"不发"。

社交压力源于朋友圈的产品逻辑。朋友圈综合集成用户的社交关系，不强化分类功能，家人、朋友、同学、同事、前同事、前女友、前男友……各种类型的社交关系"一锅乱炖"，给用户带来了一些"选择困难"。

即便是公共信息，也有其价值半径。一是地域维度，如对上海本地的某则民生新闻，广州人不大可能关心。二是专业维度，你发布本行业动态时，隔行如隔山，他人可能既看不懂，也不关心。三是品位维度，有人热泪盈眶地分享一大碗心灵鸡汤，你闻到的却是发霉的味道。

因此，理想状态下，每个信息发布者都应具有分组能力，按具体内容的价值半径分组发布，尽量做到不"扰民"。发布频繁者更要重视分组，不要把你的微信朋友置于"拉黑或忍受"的选择困境中。在信息爆炸时代，时间和注意力这两样东西异常珍贵。

分组同样会带来社交压力。情商高的人从不公开讨论他人的朋友圈内容，因为难保现场有共同朋友未在某人的某一分组内，没能看到那则信息而心生不快：凭什么不让我看？看不起我吗？不把我当自己人吗？

朋友圈的本质是什么？微信创始人张小龙洞若观火。他在某次微信公开课上说："发朋友圈等于推自己的人设。"切中要害。

除信息价值匹配的考量外，人设的针对性同样是朋友圈分组的重要逻辑。某人加班时自拍发朋友圈，是想打造爱岗敬业的人设，可以设置仅"领导"分组可见；让平级同事看见，可能被贴上"矫情""戏精"的标签。事实上，"戏精"在朋友圈世界并非贬义词，只要有推人设的主观动机，言行就必然存在表演的成分。

"牛人"高处不胜寒，推人设弊大于利。他们发一条朋友圈，底下点赞者几百人，评论者数十人。这些评论回不回？朋友圈共同好友在同一内容下方相互可见，如果回，手累；如果回这个不回那个，也许有人不悦，思前顾后，心累。干脆都不回。更好的办法是，非重要信息不发。而那些公众人物型的"牛人"正在把朋友圈当作公关平台使用，以私人场景下的口吻，回应公共关系上的问题。

"牛人"的"潜水"通常很彻底，不仅尽量"不发"，也不轻易点赞、评论。首先是忙，时间成本高。而且给这个点赞不给那个点赞，给这个评论不给那个评论，都容易带来不必要的人心芥蒂。

点赞评论后，共同好友若也跟进，"小红点"上的数字会不断增多，需要费时查看或处理。还时不时会有第三人诧异："他俩怎么也认识？"这有可能把自己置于更复杂的人际关系中，加大社交压力。

朋友圈的社交传播有不可替代的价值，同时也给深度用户带来巨大的社交压力。为扬长避短，对处于特定社交处境中的人而言，最佳的应对办法便是若即若离地"潜水"。

当然，也有一劳永逸的办法：可以在朋友圈互动信息列表中长按点赞或评论，选择"不再通知"，从源头上消除后续干扰。

2. "焦虑"

2011 年 1 月 21 日，微信上线。

2012 年 4 月 19 日，微信 4.0 版本朋友圈功能上线。用户可以通过朋友圈发表文字和图片，同时可将其他软件中的文章或者音乐分享到朋友圈。

微信推出朋友圈这一功能后，在很长一段时间里，朋友圈极大地满足了用户的社交需求。

2017 年 3 月 27 日，微信推出"允许朋友查看朋友圈范围"的新功能，可以设置三天、半年和全部可见。

微信这一功能一经发布，便引起热议。

有用户认为功能很"人性"，满足了社交平台上人们对隐私的需求。也有用户觉得这功能很差，不能了解对方的情况；甚至有专家称这是一个败笔——"三天可见正是在鼓励自闭，违背社交原则"。

2017 年下半年开始，不少媒体纷纷发文"为什么越来越多的人不发朋友圈"来探讨人们"逃离朋友圈"的现象。越来越多的人选择"朋友圈三天可见"更是引起不少网友的共鸣，大家纷纷感慨"朋友圈里没有人，全是人设"。

汪涵在 2017 年《火星情报局》一期节目中聊到微信话题时，向观众透露，为了管理自己的朋友圈，他连陈坤的微信都删了。

他说："朋友圈人数达到 100 多时，我就觉得有些可怕，要把一些没有意义的，全都删掉。在朋友圈只有 100 人时，我感到很轻松，因为所有时间都是你的，自在得一塌糊涂。你会突然觉得，整个人生都发生了变化。"汪涵说，他和陈坤彼此没有微信，感情根本不会因为长期不联络就变得不好。随着人际关系的扩张，朋友圈越来越陌生，有些人也越来越折腾。有人选择标签分组，仅三天可见，甚至渐渐逃离这个"陌生圈"。

（1）对比焦虑。越来越多的人在朋友圈"凡尔赛"，尤其是其他人都在拼命工作、熬夜加班，或者最近压力比较大的时候，看到朋友圈里各种晒旅游机票、演唱会门票，晒豪华大餐，晒 Gucci 等奢侈品……

那种对比带来的打击非常大。虽然大多数人都是理性的个体，但还是会对这种在朋友圈炫耀的行为感到不适。

大家都喜欢美好的东西，没有人整天喜欢晒一些痛苦、艰辛、黑暗的事情。可能有些发朋友圈的人根本没有意识到：自己的一条动态，可能会影响到另一部分群体的心理。

关于社交网络与幸福指数，密歇根大学有过一项实验：他们找来一些学生分为 A、B 两组。A 组每天花更长时间在社交媒体上，而 B 组基本不用社交媒体，结果显示，相比于 B 组，A 组的生活满意度更低。

《心理学报》上的一项研究，更是直接说明了使用社交媒体与抑郁情绪之间的内在关系。研究人员对 1038 名有社交媒体使用经验的中学生进行了调查，结果发现：社交媒体的使用度能够显著预测抑郁症状出现的频率。[1]

由于种种特性，朋友圈会使人滋生各种各样的"隐性比较"，让我们不得不在潜意识中陷入将自己的生活和他人做对比的怪圈之中。在《Facebook 引发嫉妒心理：用户生活满意度的潜在威胁》报告中，研究者指出：社交网络引发的嫉妒心理无处不在，它会降低用户的生活满意度。被动浏览会让人产生反感情绪，比如一些人会嫉妒别人的幸福生活、度假方式和社交活动。1/3 的人在浏览 Facebook 后心情更糟，对自己的生活更加不满；而那些只是浏览却没有上传任何信息的人，受到的负面影响最深。

朋友圈的本质就是"晒"，它是一种新型信息传递方式，通过"晒"让身边的朋友知道自己的最新动态。但涉及隐私的事情大家不会晒，涉及悲伤痛苦之事人们不想晒，毫无意义的事大家也不会晒，这就导致朋友圈中晒的多是幸福、美好之物。晒者可能并无恶意，最多只是一点炫耀。但观者呢？看到别人发旅游风景、看演唱会的照片，有人会想："为什么别人过得这么好我却依然碌碌无为？""为什么别人可以经常去旅游而我却每天都在加班？"

但观者看不到对方朋友圈背后的生活，或许晒者可能已经几年没旅行，单身很久，买的股票连续跌了许多年。这背后的一切，观者是看不到的，晒者也不愿意分享。这就是朋友圈的

［1］朱昌俊. 你的朋友圈"炫富"可能是买来的［EB/OL］.（2019-09-17）
　　　［2021-03-05］http://bhc.hebei.com.cn.

怪象——"隐性比较",它总能通过潜意识不经意地影响人的心态。正是这种失衡的比较给人们的生活带来了巨大的隐性伤害。

"你所看见的,只是别人想让你看见的。"你所感受到的往往取决于你所接触到的,大家都在朋友圈里展现最好的状态和取得的成就,营造出一种虚假的气氛。对这些动态过于在意就会导致两种结果:一种是不愿居于人后,也想尽办法地发布一些"凡尔赛"的动态,不知不觉地陷入"朋友圈内卷"当中;另一种是羡慕,甚至是自卑和嫉妒,开始抱怨自己的生活,陷入焦虑。所以在经营朋友圈的过程中人们应不时反思,是不是被光怪陆离的表象遮住了双眼,乱了方寸。

(2)点赞焦虑。从 2009 年社交网络平台 Facebook 在页面中加入"Like"按钮开始,点赞功能就在各类社交软件中沿承下来,不管是在朋友圈还是微博上,不管对方发布的是好事还是倒霉事,有些人都习惯性地去点一下赞,留个印记。点赞已成为人们在网络交流互动中离不开的方式。这就会产生一种现象:有时候做事情,最大的目的不是完成某件事,而是得到赞美。美国加州大学的心理学教授拉里·洛森(Larry Rosen)在《点赞的力量:我们喜欢被关注》一文中写道:每天数小时沉溺在 Facebook 等社交网站上的年轻人,数次"小啜"式地与人沟通,就像喝水一样,虽然一小口水不能满足你,次数多了,饥渴仍然会得到缓解。德国柏林洪堡大学以及达姆施塔特工业大学的研究人员发现:用户们会比较自己和好友同一时间发布的有关同一内容的照片究竟各获得多少个"赞",点赞现象也成了引发嫉妒心理的原因之一。

朋友圈的点赞功能，潜移默化地让人们活在赞美和羡慕中；而且这种状态会持续很久，有人一天不发，浑身难受。他们的情绪与分享动态时所收到的赞、评论有关，收到赞、评论越多，他们就会越开心，相反无人问津就会让他们感到失望。有人发布动态之后会不时去朋友圈看看有没有被点赞或是收到评论，如果十几分钟里没有任何动静，他甚至可能会删掉这条动态。

3. "躺平"

1986 年，心理学家黑兹尔·马库斯（Hazel Markus）和宝拉·纽瑞尔斯（Paula Nurius）提出"可能的自我"一词，以区别于"现在的自我"概念。"可能的自我"包括我们想要变成的理想的自我、我们能够变成的自我以及我们害怕变成的自我。马库斯和纽瑞尔斯认为，理想的自我主要通过想象未来状态、制定未来目标、启动目标激励作用来影响现有行为。在现实的束缚和某些不可抗力的作用下，社会大众普遍会在心理层面保持对自我的期待与追求，进而在头脑中描摹理想的自我画像。在发布朋友圈信息之前，个人会预先判断该类信息是否符合自我理想形象所应当具备的特质。在这种模式下，分享的内容在一定程度上象征着我们想要成为的自我。鉴于理想自我的可塑性和相对于现实自我的优越性，人们在进行分享时会于无形之中达到自我实现需要的满足。比如出于对自我形象的塑造和向往，当代女性更倾向于分享独立自主、努力奋斗等主题的文章，虽然在现实生活中可能尚未完全实现，但分享本身可以给予信息发布者积极的心理暗示。出于理想的自我心理，大众为实现自我所发布的朋友圈信息往往呈现出积极、乐观、开放等美好特质。

弗洛伊德曾经证明："压抑和宣泄是人的两种基本的心理机制。"在现实生活中，由于场合的限制，人们一般会选择压抑情绪。而网络空间由于具有相对的隐匿性和虚拟性，正逐渐成为人们宣泄情绪的场所。"丧文化"的应运而生正好戳中年轻人的心理，"丧文化"中那些无奈、颓丧、绝望的情绪引起了很多年轻人的共鸣，他们纷纷感叹"是我"。于是，越来越多的年轻人选择在朋友圈发一些自己学习、工作和生活中很"丧"的文字和图片，试图通过一种调侃的自我暴露方式将自己内心的不愉悦和压力释放出来，从而使消极情绪得到排解。社会学家刘易斯·科塞（Lewis Coser）提出的"安全阀机制"理论建议，要给人们的情绪宣泄提供一个缓冲地带。朋友圈就像这个缓冲地带，而"丧文化"就像胸中的块垒、心中的牢骚，年轻人在朋友圈传播一些很"丧"的东西，其实就是想借助这个平台来发一发无伤大雅的网络牢骚，暴露自己无奈和脆弱的一面，吐槽一下，缓解心理压力，消除郁闷情绪。

除此之外，他们恐怕更需要激发同情或寻找共情者，以寻求社会支持。戈夫曼的拟剧理论告诉我们，人们一般会通过"表演"在他人面前树立一个理想的形象。在网络世界中，由于网络具有一定程度的遮蔽性，人们更容易卸下现实生活中厚重的面具，逐渐暴露出潜意识中的"自我"。"丧文化"是青年人的一种自嘲，是对成功学的解构。

西德尼·朱拉德（Sidney Jourard）于1958年提出"自我表露"的概念："告诉另外一个人关于自己的信息，真诚地与他人分享自己个人的、私密的想法与感觉的过程。"个人在朋友圈的自我表达也是一个自我表露的过程。根据自我表露的内容，可以将表露态度分为积极、消极和中立三种。虽然在霍桑效应下，人们的自我表露趋于积极，但是在分析过程中，我们不能忽视微信的熟人圈属性。实证研究表明，自我表露的态度与主体和表露对象的交往程度相关。遇到陌生人时，主体的自我信息表露态度积极，随着关系的进一步发展，表露主体会主动公开个人隐私信息，甚至会倾向于率先发泄消极的信息。在此理论背景下，我们经常可以看到朋友圈中的大学生群体发布"论文还没完成""假期刚刚开始，就又结束了"之类的内容。在这一过程中，受众的愉悦感不仅来自消极情绪的发泄，更在于信息发布后与好友互动过程中所得到的安慰或共鸣。

4."自恋"

古希腊时，对着河水自照的叫"水仙"的少年，是自恋第一人。数千年之后的今天，我们在社交媒体上发布磨皮、美肤、瘦身、眼睛放大后的极度不像自己的自拍照，将这些自拍照输入某个测"颜值"的链接中得到自己的容貌评分，打完分后分享链接至朋友圈并加一句"谦虚"的自我评论。我们总喜欢私下统计自己的某条动态获得了多少点赞、转发、评论，甚至会不断更新头像和背景图来显示自己丰富的社交生活。

《性格和个体差异》(*Personality and Individual Differences*)期刊发表的一篇文章指出,社交媒体的泛滥让人们越来越沉迷于自我和满足于肤浅的友谊。研究表明,越是自恋的人,更新社交媒体的头像和背景图的频率就越高。

在所有的数字化自恋中,selfie(自拍)无疑是新境界。2013 年,《牛津英语词典》将其选为年度之词。

selfie 凸显的"自恋"性是昭然若揭的,其根本魅力在于人们可以在无数自拍照中看到一个理想化的自己。爱上理想化的自己是一件很诱人的事,可能比单纯的崇拜偶像更加诱人,因为你自己就成为你自己的偶像了。这种心理迁移,以前须由小说创作或肖像画完成,但今天,一张简单的自拍照就能达到令人满足、沉醉的效果。

心理学家桑迪·霍琦基斯(Sandy Hotchkiss)在《自恋的基因:如何识别和应对自恋型人格》(*Why is it Always About You?: The Seven Deadly Sins of Narcissism*)这本书中分析,自恋最初来源于一种"羞耻感"。自恋者以自我为中心,凡事如果顺自己意则一切平顺,这种自我被肯定的感觉也会不断加深,印证着他们的自恋心态;事情一旦发展得不合预期,他们就会产生一种"羞耻感"。

普通人将这种"羞耻感"放在心中慢慢消化,进而接受和顿悟,而自恋者难以忍受羞耻感,进而选择一种属于自己的屏蔽方式来进行逃避,心理学上称这种行为是"绕过羞耻"。对自拍照过度修饰，达到一种不真实的完美，就是一种典型的"绕过羞耻"的行为，因为无法接受真实的自我没有想象中那么美这一事实。

　　社交媒体的繁荣让人们有了更多展示自我的机会，当这种"展示"获得点赞或评论的心理暗示时，自恋的感觉就更浓烈。《性格和个体差异》杂志上的文章显示，自恋型的人格更容易在 Facebook 上接受陌生人的好友请求，坦然接受别人的社交支持（点赞等）却很少给予他人同样的社交关注。

　　众所周知，人很容易形成错误的第一印象，简·奥斯汀（Jane Austen）的《傲慢与偏见》（*Pride and Prejudice*）整本小说其实都在探讨这件事。二战后，所罗门·阿瑟（Solomon Asch）通过研究也发现，人们仅根据有限的线索就对很多事做出结论。社会心理学家苏珊·费思科（Susan Fisk）和萨利·泰勒（Sally Taylor）用"认知吝啬"来形容人们保留精力，减少认知负担，使用类型和陈规形成对别人的印象。但是，在如今这个数字化时代，人们却公然为自己营造了一层完美的幻象。

　　如今，我们仅根据社交主页上更新的状态、雾里看花般的自拍照以及"高大上"的背景图就形成对一个人的第一印象。简·奥斯汀时代还可以通过跳舞、聊天、弹琴、荒野散步等社交手段来认识一个人，但是在今天，在得到被修饰过的语言、磨皮后的照片等数字化手段架空了的数字化印象后，我们是否永远无法对别人，甚至对自我形成正确的认识？

　　"印象驾驭理论"之父欧文·戈夫曼（Erving Goffman）相信，每个人都会在表达自我的过程中，采取自己所认为的与环境相符的策略，而动机是其中的关键因素。你可能想让别人喜欢你、崇拜你、羡慕你，于是你有意捏造了一些表达。在数字化生活中，我们在设法给他人留下某种印象的过程中，投入了大量的时间和精力。

霍琦基斯在《自恋的基因：如何识别和应对自恋型人格》中说，最初对于自我的认识来源于他人对自己的看法。于是，自恋的另一种表现就是过度在乎别人对自己的看法。今天，科技的"量化"技术让我们更能明确别人对我们的关注程度，从而更易陷进"自恋"的漩涡。

作为互动的途径，"赞"意味着一种认可。为了得到更多的"赞"，人们不惜花费大量的时间和精力去化妆，搭配衣物，摆姿势、摆盘……

在微信公众号"石榴婆报告"中，博主以自己的经历发起了"40 岁比 25 岁更美"的话题，引发女性读者，尤其是中年女性的广泛认同。比起那些对镜哀叹"青春已逝""美人迟暮"的消极情愫，产生这种"40 岁比 25 岁更美"积极心理的很大一部分功劳就来自使用美颜相机后的自拍照。好看的照片就留着，不好看的照片就删掉，仿佛它们不曾存在过一样。石榴婆本人说："没事儿的时候翻一翻手机里每张都不像同一个人、也都不像我、也都比我漂亮的自拍，会觉得这就是本人的真实颜值！"而且她相信这种催眠会对现实世界产生影响，一如"吸引力法则"：你相信它，它就会实现。

5. "凡尔赛"

凡尔赛式表达（曲折性谦虚，实质性自夸／看似漫不经心实则曲折刻意）：2020年"凡尔赛学"先后登上微博、知乎等社交平台的热搜，一时间各大社交圈被"凡尔赛学"围绕。"凡尔赛"的主要阵地是社交网络，意思是生活得高贵、奢华，且通过一些反向的表述，来不经意地透露出自己的优越生活，一般用来调侃。如今"凡尔赛"的适用范围也越来越广泛。朋友圈内的"凡尔赛学"氛围也十分浓厚，不少人在分享生活动态之时暗暗炫耀生活的奢侈、高端，比如在简单的一张喝茶照片里"不经意"地晒出了茶座上的限量款名牌包、手里的诺贝尔文学奖书籍、高档茶所的位置。

朋友圈的强大功能给"凡尔赛学"提供了广阔的展示舞台。分组可见、非好友不可见、点赞、留言和删除评论等功能，极大程度上释放了"凡尔赛学"。即便根本没人问包包款式、地理位置，深谙"凡尔赛学"的人也能佯装不堪其扰地统一回复："不要再问啦，包包是前两天在巴黎顺手买的，现在看腻了这个颜色想买另一款，可惜国内专柜都没有（搭配委屈表情）。""眼睛这么尖？这样都能看得出来我在三亚吗？"即便现实平平无奇，也能够通过社交平台进行自我炫耀。只是碰巧经过3000元一晚的高档酒店，也能够刻意地在朋友圈里晒出地理位置，假装即将入住的便是这所高档酒店。

"凡尔赛学"体现了人人皆有的虚荣之心与自我表现的需求，

他们费尽心思地为自己塑造一个完美形象，营造奢侈高贵的生活氛围，只是为了得到更多人的关注和羡慕。

6."× 天可见"

自微信开启"三天朋友圈可见"功能后，总有人吐槽这个功能所带来的尴尬和误会，也有不少人成了朋友圈里的"小透明"，他们用实际行动支持着这一功能——把自己三天之前的生活隐藏起来，只向外界展示最近三天的内容。当然，如果最近三天没发新内容，朋友圈里只有一条冷冰冰的横线，拦住所有的好奇和疑惑。这表示他对外界展示的内容依然是有所保留的，是打算"以新换旧"的。

有学者借用社会学里的"自我呈现"理论来解释这种现象，即人们在社交网络里希望展现的自我和真实的自我不同，为防止外界因看到"旧的自我"而对"新的自我"产生误会。这种解释确实有自洽的逻辑，但无法解释的是：新和旧的"界线"显然无法短暂到只有三天，毕竟，不会有人能做到三天一变。一个人的思维方式、价值观念和生活境况在一定时间段内是差不多的，即使有变化，也需要一段时间，不可能以三天为单位实现"换代升级"。因此，"三天可见"的吊诡现象，不只是"自我呈现"的问题。

换个角度来思考。比如，此现象也能从心理学角度来解释。很多人发朋友圈都有这种心理：我有自己的隐私，不想透露给别人太多个人信息。向好友展示个人生活和工作内容，是没问题的，但不等于要展示所有信息。

换言之，"展示"本身是很复杂的，不同人会选择不同维度的呈现方式：有人性格张扬外向，喜欢炫示自己，或者的确有一些值得炫示的资本、财富、才华或者是高颜值和曼妙的身材，哪怕是插科打诨的能力，而朋友圈对他们来说自然就是最好的展示窗口。对一些人而言，"三天可见"的功能反而限制了自身张扬魅力乃至拓展影响力的可能，他们自然是不愿意被"限制"的。但他们在朋友圈发布内容时，本身就有一个刻意的筛选行为——只向外界展示自己想展示的东西，这种现象在一些"大V"和名人的朋友圈里格外明显。

但对更多人来说，生活本身并无太多值得炫示之处，或出于现实的考虑，或与低调的性格有关，他们不愿意让外人看到自己更真实的生活和全面的信息。他们会认为朋友圈是真的"朋友圈"，只有和真正的朋友才能分享自己生活里的苦乐悲欣，其他人只是"外人"。对他们来说设置"三天可见"是一种自我保护的行为。

人们在社会不同时空中扮演着不同的角色，例如在学校时是学生，工作后是白领、蓝领；在家时是孩子或者家长，在外时又有着各种各样的身份。若一个人不能扮演好自己在每一处的角色，达不到自己或他人定下的角色期望（可以理解为"人设"），便会产生角色冲突（便是常说的"人设崩塌"）。英国社会学家格罗斯（Gross）主张，个体在与其他行动者相互冲突的期望之间，可以采取选择、回避或妥协方式，而设置"× 天可见"便是一种在时间跨度上对人设的维护，防止过去的某些言行影响到当下的个人角色塑造。

为什么有人不发"圈"

1. 不屑：人类的悲欢并不相通

"我清楚自己的喜怒哀乐，我也不需要所谓的感同身受。"鲁迅先生在《而已集·小杂感》中写道："楼下一个男人病得要死，那间壁的一家唱着留声机；对面是弄孩子。楼上有两人狂笑；还有打牌声。河中的船上有女人哭着她死去的母亲。"人类的悲欢并不相通，面对其他人，我们的怜悯、雀跃、悲伤、愤慨，可能终究只是表面功夫，所谓感同身受，也只是虚浮的体会。

这世上的悲欢情绪各不相同，有些人需要宣泄，需要找到出口，需要获得关注，另外一群不屑在朋友圈里得到理解的人，索性不发"圈"。

2. 不敢：思前想后不如落个轻松

另一种人，他们可能是完美主义者，对发朋友圈要求也十分严格。

在意识到朋友圈已不再是曾经那个可以随意撒欢的地方后，

他们开始仔细斟酌每一次想要发出的内容。这个词会不会不太好？这个表情该不该换一个？图有没有P到位？要屏蔽哪些人？所有细节全部严格审查后才会发布。然后呢？30秒查看一次点赞和评论。没几个赞的情况下就算明知别人看不到，也会因自尊心受不了最后选择删除。费了这么大功夫，就为了一条100个人里可能98个人都不关心的朋友圈动态，太累了。

新近还出现了一个名词——"删朋友圈癌"，具体特征包括朋友圈发布10分钟没人点赞必删，发朋友圈前想很久且一定有好友分组，等等。这些举动都被网友归到了"病态"的范畴。选择一个完美的时间发布后，就进入了焦灼等赞阶段，在增多的红色数字和满屏的评论中获得满足，反之则是在"怎么没人点赞"中落落寡欢。经过几次这样的周折后，有人醒悟了，不再心累个半死就为发条朋友圈。

那些精彩的瞬间，就算只是留在相册里，自己也知足了。因为不需要期待别人的评价和真正放下对自己来说其实没太大意义的自我审视，反而轻松。

3. 不信：朋友圈和生活是不同的世界

还有一些对真实性抱有高期待的朋友们认为："哪里有社交，哪里就有伪装。"朋友圈里发出来的，往往都是最好的一面，就是想被看到的一面。所有锁住的、删掉的，还有分组可见的，那些不想被新朋友看到的过去以及生活中落寞的时刻，通通不会在朋友圈里出现。展露出来的，是最好的、"三天可见"的。

　　有人说："无论是物质世界，还是精神世界，我都不打算在公开的社交场所毫无保留地向人敞开。"既然没办法在朋友圈里找到真实，自然也就没有相信的必要。

　　所以，不发朋友圈的群体当然不是过得不好，只是换了种方式。需要宣泄心情的时候，他们不需要在朋友圈里找共鸣。对于生活中的精彩时刻，他们不是不记录，而是用自己的方式，把美妙的瞬间留在相册里、日记里、脑海里，让这些回忆珍藏在心里，成为生命的组成部分。

　　作为微信的一个社交功能，诞生于 2012 年的朋友圈，刚一出现就因比 QQ 空间有更好的私密性而受到不少用户的热捧。由强关系联结起来的"圈"的概念在这里得到了真正体现，熟人网络的"封闭性"也让用户找到了一个可以展示"本我"的桃花源。

　　但随着微信用户数的日益增多，好友列表里除了亲朋好友，还多了不少泛泛之交。在这样的情况下，"圈"的概念变得模糊，朋友圈发生了个人场景与公共场景的交织与融合。

　　受此影响，拥有极强表达或表现欲望的群体，就会像戈夫曼所说的那样，按照一种完全筹划好的方式来行动，以一种既定的方式表现自己。而这时，朋友圈中的自己已经是"超我"而非"本我"了。

　　《纽约时报》曾经对 2500 个中度、重度社交媒体使用者进行调查，发现近七成的人想通过社交媒体让别人更了解自己，最好是具有体贴、理性、善良等正面形象的自己。

　　出于这种目的，包括 90 后在内的不少人会选择在平台上晒出高质量、富有情调的"小资"生活。尽管背后有虚荣心在作祟，但发布者往往企图通过这些行为在社交场域中争取话语权，进而实现社交诉求。

但与此同时，朋友圈的"看客们"在大多数情况下也会呈现出多样性的构成。当你晒出自己享用的美食时，除了欣赏你的品位和生活态度的朋友会为你点赞和评论之外，正处于水深火热中的同事或同学可能会心生嫉妒，健身房教练可能会"不合时宜"地提醒你"该来锻炼了"……

极光大数据公布的"2019年社交网络行业研究报告"显示，受调查的用户当中，刷朋友圈频率比上一年增多的人数占到了总人数的四成，而用户朋友圈发布的原创内容数量却在不断减少。为了防止不必要的误解和分歧，索性不发朋友圈成了不少90后年轻用户的共识。

面对一个小小的朋友圈，发与不发的问题却成了不少用户畏首畏尾的牵绊，有人认为，这背后体现出该群体存在着一种身份焦虑。

阿兰·德波顿（Alain de Botton）曾说，身份的焦虑是一种担忧：担忧我们处在无法与社会设定的成功典范保持一致的危险中，从而被夺去尊严和尊重，这种担忧的破坏力大得足以摧毁我们生活的松紧度。

德波顿所言的"担忧"实际上就是一种不自由、受牵绊的心态。而它的产生亦是网络社交平台"舞台化"后，人们选择性的自我呈现所带来的不良结果。

一方面，它会引发整个社会对于"典范""榜样"认识的趋同；

另一方面，众多人也会在这种非正常的语境中，不由自主地被带入标签、符号的规训当中。

朋友圈所展现的社会镜像实际上禁锢住了用户乃至整个社会的价值倾向，由此引发了对表达自由的牵绊。当这一切发生之时，表达欲无法在朋友圈得到满足的人们纷纷消失就成为一种必然。而他们中的不少人开始转战由弱关系连接的微博，"朋友圈装'死'，微博蹦迪"的现象就出现了。

为什么有人热衷发"圈"

作为华人世界最大的社交网络，每天必刷的微信朋友圈不仅流转着各种公共信息，同时也不同程度地透露着用户的个人心态。那么，为什么有些人热衷于发朋友圈呢？

从传播学的使用与满足理论来说，发朋友圈能满足人们情感交流、自我实现、缓解焦虑等需求。

多数情况下，人们发朋友圈是有目的的。发一张精心处理过的自拍照是想要得到大家的点赞和夸赞，发一段压抑伤心的文字是想有人来安慰自己，发一个搞笑好玩的视频是想和大家分享，一起乐呵。一些人使用朋友圈发布动态，分享生活，产生了满足感，达到了自己想要的目的，所以会乐此不疲地发朋友圈。

微信朋友圈帮助个体实现"自我"呈现。在朋友圈这个平台，个体可以自由表达，抒发情感，与好友互动。但"自我"呈现要基于微信朋友圈成员的可靠性和朋友圈功能的易操作性这两个前提。

在熟人建立起的强社交关系平台中，人们更愿意展现"自我"，一旦陌生群体增加，人们更倾向于掩盖自己，这是一种情感安全的社群心理。初期朋友圈中多为联系最紧密的亲友，亲密度高；随着越来越多的职场关系甚至萍水相逢的点头之交进入朋友圈，情感安全度大幅降低。学术界曾有人提出人际关系圈模型，分别用六种不同颜色的圆环来构成同心圆图案，每一圈都表示人际交往中特定的行为和亲密程度。

它展示了以己为中心的人际关系递变过程，越靠近中心情感关系越牢靠，越亲近的社交圈中，人们越容易放下戒备，更乐于展现自我。最初，微信朋友圈的成员联结建立在彼此熟悉的基础上，存在一定的感情基础。在亲近的社交关系中，社会成员便会减少戒备心理，趋向于相信自己所在的圈子是安全的，也就更乐于在这个圈子中展现自我。虽然现在微信里也不能排除几乎不认识的好友的存在，但是"朋友圈可见与不可见""仅聊天的朋友"等功能有效控制了圈子的范围，同样保障了朋友圈的安全。

利用马斯洛需求理论，可揭示人们为什么喜欢发朋友圈。

1. 生理与安全需要

从生物进化的角度看，人类的祖先就是群居沟通的动物。直至今日，缺乏社交依然会影响人的身体健康和心理健康。朋友圈为人们提供了分享和接收信息的功能，使其能有效地传播与获取信息，感到踏实，若是无法接收消息或只收到混乱的消息，人会感到焦虑与不安（断网焦虑症就是经典的表现）。朋友圈清晰、实时、有条理地为我们展示了朋友们发布的内容，让人有"即使不出门，也知天下事"的感觉，满足了人们在社交生活中获取信息的需要，为人们提供了信息安全感。

2. 社交需要

社交是人类生活的必需品，我们需要在与他人的互动中建立起人际关系，并学习人与人之间的相处之道，例如相互尊重、相互理解。我们通过朋友圈里的交际来维系自己的人际关系，与朋友进行互动交流，这也是朋友圈的初衷和最本质的功能。在朋友圈进行点赞、评论等都是出于维系人际关系的需求，而且其中的行为内涵、暗语和"潜规则"数量也丝毫不亚于现实生活中的人际交流。

3. 认同需要

人们对于自我的认识在一定程度上也来源于信息的传播。与他人互动可以得到关于自我的反馈信息，从而逐步建立起我们的自我认同。发朋友圈的最直接目的便是收集点赞——通过这样的方式来获取他人的认同。用朋友圈分享自己的生活日常或对某一事物的观点，希望得到他人的赞许或者找到持同类观点的朋友。

就如同在台上表演的舞者，希望得到台下观众的喝彩一样。我们同时还会用分享信息之后所收集到的被认同或不被认同的反馈来一步步建立自己的社交形象。

微信操作简易，能帮助人们更容易地展现"自我"。在朋友圈中分享链接是一键式的，我们看到想要分享的内容直接分享即可，无须经过第三方跳转。传播学家施拉姆（Schramm）的信息选择或然公式指出：选择的或然率＝报偿的保证／费力的程度。"报偿的保证"是指传播内容满足选择者需要的程度，费力的程度则指信息内容以及使用途径的难易程度。从中可以发现在面临相同的信息传播介质的时候，操作简单的平台（如微信）费力程度更小，传播效率更高，更容易受欢迎。

没有互联网的时候，我们了解一个人主要通过面对面的交往，互联网时代，每个人的"语言"和"神色"其实都在朋友圈中以各种不同的方式流露着。

有人说：我从来不发朋友圈，你还能察到什么言，观到什么色？

其实，从来不发朋友圈，或者只留下最近三天朋友圈内容的人，通常心理上具有很强的防御性。害怕暴露自己太多的信息，包括三观、情绪和人际关系。他们通常很了解言多必失戒律，尤其是怕圈内的上司（老板）、下属和特殊关系者从朋友圈的信息中了解太多自己的真实心态。

这种本能的戒备心通常有两种可能性：一种是心理上缺乏安全感，没有安全感的动物，通常处于警戒状态，没有安全感的人也是如此；另一种可能性是职业因素造成的，职业纪律或者职业习惯要求他们守口如瓶。

朋友圈不仅仅是人们的社交工具，有时候它还能起到辅助诊断的作用。2017 年，哈佛大学心理与计算科学专业的博士生安德鲁·里斯（Andrew Reece）与佛蒙特大学的数据科学教授克里斯福特·丹福斯（Christford Danforth）通过实验发现，人们发布在社交媒体上的照片与发布者的心理健康状态存在密切的联系，甚至可以在一定程度上预测发布者是否为抑郁症患者。

抑郁症患者的社会活动频率会有所下降，他们很少在朋友圈发布自己的动态。发朋友圈的话，他们更喜欢发布色彩偏蓝并且又灰又暗的照片，而且极少使用滤镜，就算使用也倾向黑白或褪色系的滤镜。

如果让你提名朋友圈里最爱给别人点赞的几个人，你或许轻易就能列出 Top3。知乎上对"点赞"的心态有个很好的总结：

①基本款：对于被赞内容的认可或赞赏。② social 款："礼节性点赞"或是"义务性点赞"。③"倒霉的不止我一个"款："一方有难，八方点赞"。

但是你有没有注意过，还有一些朋友会在发完一条朋友圈的几分钟甚至几十秒内，给自己点上一个赞。

不论是 Facebook 的大拇指还是朋友圈里的爱心，点赞这种行为背后传递的是一种符号，给人最直观的感受就是一种认同和认可，同时也是一种积极评价的体现。现代社会犹如一个"破碎的竞争系统"，人们不堪重负，坐立难安。很多时候，好像我们自己和别人都不认为我们有价值。而喜欢给自己点赞的人，往往是通过这种方式实现对自己的认可和认同，即"自我认同"。

"自我认同"是美国心理学家埃里克森（Eriksson）在1968年提出的一个心理学概念，也被称为"自我同一性"。其内涵简单来说就是：知道自己是谁，知道自己将要去到什么地方，以及对社会与群体有着稳定的认知。自我认同较高的人，通常会有更明确的目标，也更不容易为外界纷扰所惑。

大部分人的自我认同形成于18～25岁，但受家庭、个体经历、社会影响等因素影响，实际上仅有20%的人能在18岁形成自我认同。

在现代社会，确定"我是谁？我想要去到哪里？将要走向何方"是每一个人的终生任务。

这决定你赞同什么，反对什么，为什么而欢乐，又愿意为什么而战斗。换言之，自我认同会影响我们人生的每一个关键选择。

自我认同并不仅仅"与我有关"，"我"只是其中的一面，认同的另一面是"我"与群体、与社会的相互试探与确认——社会成员对一定信仰和情感的共拥和分享，"我"将群体价值内化，进而进一步确认自身的意义，并从中获取持续动力。

作家阿兰·德波顿在《身份的焦虑》（*Status Anxiety*）一书中写道：我们对自己的认识在很大程度上取决于他人对我们的看法。我们的自我感觉和自我认同完全受制于周围的人对我们的评价……我们的"自我"就像一只漏气的气球，需要不断充入他人的爱戴才能保持形状，而经不起哪怕是针尖麦芒大的刺伤。虽然是"我"，但"我"很多时候是通过他人的反馈得以建立的，而点赞显然是一种良好的反馈。

设置允许查看范围是出于什么样的心理

微信在隐私方面设置了很多功能，允许朋友查看朋友圈的范围就是其中一项。我们可以设置三天、一个月、半年和全部这四种形式的查看范围。

1. 设置三天可见

设置朋友圈三天可见的人通常比较注重保护个人隐私，不太愿意透露太多私密的信息。因为平时微信加的人太多，又懒得分组，碍于面子又不能一刀切地屏蔽对方，这样设置最方便。对于自己而言又能看见以往发布的所有内容，具备了存储的意义，便于自己回顾往昔。

但是设置三天可见有一个弊端，如果你是属于不经常发动态的人，别人可能会在很长一段时间里都无法看到你的朋友圈动态，别人会以为你屏蔽了他，从而造成不必要的误会。

2．设置一个月可见

目前微信使用人群广泛，我们认识一个新朋友就会互加好友，这样导致朋友圈里存在许多比较陌生的朋友。设置一个月可见既不会泄露太多的隐私，又能让好友关系不太陌生。而且与"三天可见"相比，一个月的时间更为合适，是更人性化的选择。

3．设置半年可见

设置半年可见的人可能是因为半年里他的生活和心境都发生了一定的改变，让他人看到自己半年前的动态他会觉得很不好意思，觉得过去的自己"很傻"，所以更愿意向外界展现最新的自己；也有可能因为自己发朋友圈的频率很低，设置半年的时间可以方便他人较为充分地了解自己。

4．设置全部可见

在现代社会里，设置朋友圈全部可见的人已经少之又少了，选择这种设置可能存在三种情况。

一是微商。他朋友圈里的所有人都是他的目标客户，所有营销宣传都需要被看见。而且潜在客户可以通过他的朋友圈看到他是做什么的，做了多久，了解得越细致越有可能实现营销目的。

二是坦荡型群体。因为朋友圈里没有涉及敏感的隐私信息，他们也认为没有必要太在意别人对自己的看法，不会有过多的顾虑，所以将朋友圈设置为全部可见。

　　三是潜水型群体。他们几年下来的朋友圈可能只有几条，而且这几条大多是很有意义的，因此也没有必要设置可查看的范围。

　　值得注意的是，有的人可能不仅注重朋友圈可见范围的设置，还会定期删除往期朋友圈。他们可能更多属于朋友圈内的活跃型，每天发布大量的内容，但是过几天后觉得这些内容没有太大的意义就会选择将之删除。

　　朋友圈其实是变相的个人宣传渠道，人们通过设置允许朋友查看朋友圈的范围，在不同程度上以一种委婉谦虚而有力的方式进行自我宣传，是为了展现自己最新、最好或是最完整的一面，这对自己在他人心中的印象会产生很大的影响。

从"三天可见"到"全部可见"，反映了怎样的心理

1. 用户对隐私日益关注

　　社交模式日新月异，社交产品层出不穷，说到底还是人与人之间的交流变得复杂了。微信一开始秉持的理念是熟人社交。想想你刚开始用微信，或者刚上大学有足够时间浏览朋友圈的时候，对发朋友圈简直要上瘾。今天遇到了什么开心的事，跟谁吵了架，吃到了什么好吃的，都想拿出来发一通。

　　那个时候，你的朋友圈里还都是一些亲朋好友，你发什么，

总有四五个人热情地给你点赞。好友都很熟悉，虽然人数不多，但都能理解你。不管你发什么冷笑话都有人能看懂，发自拍照时大家也总是点赞而不会阴阳怪气地嘲讽。

而你愿意使用社交软件，也是因为这些好友。在高中、大学毕业时，离开老朋友时总会很难过，有研究人员称之为"friendsickness"（"朋友病"）。

在社交网络上，你可以很容易地就跟老朋友进行互动。只要点个赞发个评论，对方就能想起你。甚至在 Facebook 或者 QQ 空间这些社交媒体上，还会及时收到朋友生日的提醒。对老朋友的珍重，也会让你更乐意发朋友圈。

这些好友的存在，让你更信任朋友圈，也更爱用朋友圈。研究发现，在社交网络中，其他成员的反馈会影响新来者的参与。比如当你加入一个新的网络社区或者群体时，如果第一条动态获得了正面的评论，那有可能你发第二条动态的速度就会加快。

而如果你发现自己跟某个网络社区的人有着相似的价值观、爱好，或者能够互相认同，那你也会更积极地参与到这个网络社区中去。

所以，像微信这样能即时沟通的社交软件，对绝大多数人来说，其主要作用就是维系原本的关系，而很少是为了在上面拓展新关系。

事实上，微信被人信赖也是因为如此——它是一个熟人社交的圈子。

2015 年的一项研究显示，很多人选择微信，是因为他们可以与特定用户共享信息，建立社交网络。在所有受访者中，88.89％的人都提到了这个原因。有人说："与微博相比，微信更私密，只有我的朋友可以看到我的动态。"

我们之所以愿意在朋友圈发布自己的心情，吐槽或者炫耀，实际上还是因为信任这个圈子。

但随着微信逐渐由熟人社交工具变成了工作软件之后，熟人关系就不存在了。反倒是微博和 QQ 空间，重新被年轻人捡起来当"树洞"了。

2018 年腾讯首次公布微信数据，年轻人平均有 128 个好友，而工作后好友数量会增加 20％。事实上，你翻看一下自己的微信通讯录，发现新增数量远不止于此。

工作兢兢业业的年轻人，谁不是一边吐槽着老板，一边又加上了老板的微信，顺便给他的朋友圈点上一个赞呢？

在此背景下，微信推出的"三天可见"功能更像是为处理复杂社交做减法。根本原因是：好友人数的增加容易激化自身矛盾心理。

不得不加的人多了之后，"朋友圈"就不再是朋友的圈子了，你在朋友圈里发的每一句话，都会被其他很多人看到。

2017 年 3 月，微信推出了"仅三天可见"的功能。2018 年的一份抽样发现，90 后是将朋友圈设置"仅三天可见"的主力用户。在 30 岁以上的人群中，设置"仅三天可见"比例较高的是政府机关等单位的工作人员或者教师。对于他们来说，信息的安全性才是最重要的。

2．被窥探人的正当防卫

人们很容易为自己以前发过的动态感到后悔。

很多受访者表示，他们会在发动态前积极地自我审查，发完后还会常常删除原来的内容，如果自己发的内容给别人造成了麻烦，还得去道歉。有的人干脆就只看不发。

对微信用户来说，"三天可见"能免去他们时不时自我审查的苦恼，减少定期删帖的工作量，那何乐而不为呢？

由于社交网络不需要你跟别人及时地互动，一个对你感兴趣的人可以通过翻看你的朋友圈来了解你，不会让你察觉，也不会因为贸然打招呼而让彼此尴尬，很多人自然而然地习惯了在网上"窥视"。

"三天可见"是被"窥视"的人的正当防卫。不必担心新朋友过多地掌握你的信息，也不必因封锁朋友圈，让老朋友失去了解你的窗口。"三天可见"的设置是主动替用户拿捏好分寸，不进不退，避免尴尬。

3．虚拟社交下的群体性孤独

1980 年，日本传播学者中野牧提出了"容器人"的概念：在电视等大众媒介环境中成长起来的现代人，他们的内心就像一个封闭的容器，每次社交都只是容器外壁的碰撞，没有内心世界的交流。

到了今天，这种情况更加普遍了。

2021 年 1 月，腾讯财报显示，微信月活跃用户突破 12 亿

（合并 WeChat 后），成为中国互联网历史上第一款月活跃用户突破 10 亿的产品。与此形成对比的是另一组数据：2019 年年初，"微信之父"张小龙在出席微信之夜的活动时说，每天有 7.5 亿人使用微信朋友圈，不过，其中有超过 1 亿人设置了"朋友圈三天可见"。

这就是当代人的社交困境：朋友圈成了社交必需品，但又让人感到有负担。

至于朋友圈三天可见、一个月可见、半年可见，以及屏蔽朋友圈等功能，其实都是为了满足人们的社交心理。

麻省理工学院社会学教授雪莉·特克尔（Sherry Turkle）就曾发出这样的疑问：为什么我们对科技期待更多，彼此却不能更亲密？

在对人与信息技术的关系进行了长达 15 年的系统研究后，她写了《群体性孤独》（Alone Together）一书，挖掘了互联网时代群体孤独的根源。她说，互联网在改变我们的思维、生活的同时，也重构了以往的人际关系结构。

在网上，我们可以找到很多有共同兴趣的陌生人，建立线上的虚拟小圈子，还能伪装成自己想成为的任何人。但特克尔教授认为，这种速食般的虚拟关系，其实是把每个人简化成实用的客体，美好和有趣的一面被放大，而真实的缺点却被隐藏了。

在《群体性孤独》里，特克尔教授还总结了虚拟社交制造出的三大错觉。

一是觉得我们可以把精力分配到任何自己想关注的地方。

二是幻想总有人倾听我们。

三是以为我们永远不用独自一人。

因为讨厌被真实关系束缚，很多人选择在网上表达自我、分享隐私，以排解孤独，希望获得他人的关注和认同。

但效果可能恰恰相反。比起收获的善意，他人直白的恶意，让我们更加难受，哪怕是在微信这种准熟人社交环境里，一言不合就拉黑的情况并不少见。

上网原本是为躲避孤独，但也有可能更加孤独。可见这种"我分享故我在"的做法，不仅会让虚拟社交变成"自我表演"，还会以新的方式让我们变得脆弱。

4. 逐渐消失的社交存在感

一个只设置朋友圈三天可见的人，其内心的潜台词仿佛是："我最近过得很好，但是我没准备好让你们知道我的过去！"这给人一种他在有意隐瞒什么的错觉，其社交人物设定是让人琢磨不透的。有时候这种隐藏朋友圈的距离感会给人一种安全感，甚至会让人得到一种通过社交距离而产生"人际势能提升"的错觉。但就像约翰·多恩（John Donne）的诗，"没有人是一座孤岛／可以自全／每个人都是大陆的一片／整体的一部分"一样，在一个依赖社交赋能的时代，隐藏了朋友圈有可能会失去用自我呈现换取社交货币的机会。任何一次在社交场合中的撤退，其实都是在切断自己和身边朋友的情感链接，当你在社交媒体中隐匿时，你可能就失去了线上社交中的存在感。

第 3 章

"圈"和"群"的技术性和时效性心理

"圈"和"群"的技术处理心理

"圈"和"群"里的技术性功能

微信的功能十分强大，开发每一个功能是为了满足用户的什么心理呢？

1. "附近的人"

这是微信早期就创建的功能，用户开启定位之后使用"附近的人"功能可以搜索到离自己很近的微信用户，可以看到其头像、微信名与个性签名等，如果想认识对方就可以申请添加为好友。这样的功能，对于一些忙于工作没有时间去社交的职场人士或是喜欢交友的群体来说，比较隐秘而且有效。"附近的人"功能满足了他们对于社交的渴望。除此之外，这个功能为经商群体提供了有效途径：通过搜索附近的人，他们能迅速找到合适的客户群体，随后开展打广告、推荐产品等行为，以此获取利益。如今人们越来越注重隐私，这一功能的使用率大大下降。

2."摇一摇"

这个功能与"附近的人"功能相似，属于一种随机匹配陌生人交友的功能模式。通过手机摇一摇，用户就可以查找到附近也在使用"摇一摇"功能的人，实现交友目的。随着不法分子利用"摇一摇"功能骗人、微商借机打广告现象的出现，"摇一摇"时出现的虚假信息越来越多，用户也渐渐对其失去了兴趣。

3."拍一拍"

2020 年 6 月 16 日，微信 IOS 版更新至 7.0.13 版本，正式上线"拍一拍"功能，只要轻触两下微信好友的头像，聊天界面就会出现"你拍了拍'×××'"一段文字；同年 7 月 1 日微信再次更新，实现设置"拍一拍"后缀功能——你可以自行设置别人拍你的时候显示的后缀名，这一功能看似无用，用户们却玩得不亦乐乎，有事没事就"拍拍"好友，增强了双方的互动性。"拍一拍"功能在人际沟通上还起到了微妙的平衡作用："拍一拍"可以代替"在吗"，对方回复了即是开始交流的默许；如果对方没回复，也不会像文字信息那样孤零零地出现在聊天界面里，有效地避免了尴尬。"拍一拍"以无声胜有声的方式，将复杂的情感简单地包含在了戳头像的动作里。

4．视频分享

这是一个全新的表达平台，意味着除了简单的 10 秒小视频、文案或者图片，人们有了另一种展现自我的方式，视频号可以成为一个人的名片。你可以在视频号里分享你的生活，形成你的专属风格，还可以通过好友的点赞看到朋友圈之外的陌生人的视频，从而打破朋友圈的内部社交关系圈。

5．位置分享与实时位置共享

微信还可以设置位置分享等功能，当你出去旅游发朋友圈的时候打开位置显示功能，好友们就能了解到你目前所在的位置。在私聊或者群中更有实时位置共享的功能，你和好友都可以看到对方目前所在的位置，能更快地找到对方。

6．"撤回"

撤回式聊天，即巧用发出的消息在两分钟内可以撤回的功能，及时撤回已发送的内容，防止留下痕迹。

随着大家对个人隐私的重视，"阅后即焚"的现象也越来越普遍，不少人借助微信消息发出两分钟内可以撤回的功能，采用撤回式聊天，在对方能读完全部消息的前提下，一边聊天一边撤回。这样可以在一定程度上避免自己发出的内容被故意截屏。但事实上撤回并不一定就"安全"了。因为微信截屏可以作为法律依据。最高人民法院发布《关于适用〈中华人民共和国民事诉讼法〉

的解释》，进一步明确电子邮件、短信、微博、网聊记录等电子数据形式在民事案件中可作为证据。

7. @某人，对方提到了你

@某人的现象在微博里十分常见，微信朋友圈也具有这么一个功能，当我们发朋友圈的时候如果希望某个人能看见这条动态，就可以在"@提醒谁看"中设置需要提醒的人（可多人），被提醒的人只要一打开朋友圈就能看到这条提醒消息，也就不会错过你的这条动态了。当你在朋友圈里为好友发生日祝福的时候就可以使用这一功能。

8. 添加我的方式、向我推荐通讯录朋友

微信添加好友的方式有多种，手机号、微信号、群聊、二维码和名片都具备好友添加的功能，这为好友的添加多提供了更多种渠道，但也可能带来一些不必要的麻烦。现在信息泄露现象十分严重，手机号是最容易被盗取的信息，这就导致许多陌生人（微商可能性最大）通过手机号到处添加好友，给我们的生活造成了一定程度的困扰。

9. 允许陌生人查看十条朋友圈

微信的隐私设置中有"允许陌生人查看十条朋友圈"这一选项，人们可以看到非好友的陌生人的最近的十条朋友圈内容。也许有人会疑惑：既然是陌生人，为什么要让对方看到自己的朋

友圈呢？这其实表现了一个人渴望被关注的心理。他们乐于交友，希望自己的动态得到更多人的关注，而且陌生人仅止步于查看朋友圈而无法做出点赞或评论，只要最近的朋友圈不涉及太隐私的信息，就没有多大影响。

不过值得注意的是，大多数人的朋友圈还是会在无形中暴露出自己的位置等隐私信息。如今技术日益强大，一个简单的背景就能被有心人士利用，搜索到你所在的位置，盗取你的相关信息。

10. 朋友权限设置

"朋友权限"这一功能，支持"朋友圈、视频号、看一看、微信运动等"开放和"仅聊天"两种交流方式。"仅聊天"代表着朋友圈、微信运动等动态对方都无法查看，这是一种好友关系的划分。"仅聊天"朋友比较常见于职场之中，或者是加了一些陌生人不得不屏蔽。但"仅聊天"这一功能需要谨慎使用，如果用在一些普通朋友身上，可能会让对方觉得你不想与他有所往来，给人一种不被尊重的感觉。

朋友圈和视频号等我们同样有"不让他（她）看"和"不看他（她）"两种选择。设置"不让他（她）看"很大程度上是因为关系不够亲密，所以不想暴露自己的生活信息；而设置"不看他（她）"可能是因为不喜欢对方的朋友圈内容，或者是微商的刷屏现象给自己带来很大的干扰，但是直接删除好友会给对方留下不好的印象，设置这一功能就较好地解决了这个问题。

11."加入黑名单"

当把好友加入黑名单之后，你将无法收到他（她）的消息。对方给你发消息的时候，也会收到"消息已发出，但被对方拒收了"的提示。双方看不到彼此朋友圈的更新状态和内容，也无法进行评论。但是双方在彼此的好友列表中，对方发出好友添加申请会被系统自动拒绝，只有当拉黑方主动添加，双方才能再次成为好友。

如果对方说出一些让人反感厌恶的言论，他就很有可能会被拉进黑名单。拉入黑名单是一种暂时性的"删除"，它就像一颗后悔药，一时生气可能会促使你把对方拉黑，但是还能将对方重新找回来，聊天记录也存储在系统中。但是"拉黑"功能还是谨慎使用为好，要是对方发现自己被拉黑了，也将你拉进黑名单甚至将你删除，就可能造成一段关系的破裂。

12."删除好友"

删除好友比拉入黑名单更为"冷酷无情"，删除好友之后双方都无法进行对话，对方发消息时会收到"×× 开启了朋友验证，你还不是他（她）朋友。请先发送朋友验证请求，对方验证通过后，才能聊天"这样的提示，而且删除之后以往的聊天记录会被全部清空。简而言之，一旦删除好友，想要加回来就难了。删除好友这一行为是需要谨慎谨慎再谨慎的，删除完全陌生的好友也许可以理解，要是删除了还算有交集的好友，也许就再也做不了朋友了。

13. 查看原图

查看原图可以给朋友展示相对高精度的图片信息，但有的手机会自动显示你拍照时所在的位置，要注意图片位置信息是否被泄露，注意隐私和信息的平衡。

"圈"或"群"的规则与效应

同学是我们人生中某一阶段联系较为密切的朋友，但随着时间的推移，我们会发现这些群体中人与人之间的差距越来越大，共同语言也越来越少，尤其是小学、初中同学之间，慢慢就会产生无可避免的距离。因此我们在同学的朋友圈或是在同学群里，需要注意不少问题。

1. 说话应该有分寸

在圈中需要注意自己的语言表达，不要开过分的玩笑，不要说伤人的话，也不要揭人伤疤。有的时候"说者无意，听者有心"，你不经意间的言语可能会伤害到某一个人甚至某一批人。同学圈里必然存在生活水平、文化水平的差异，你认为十分自然的生活方式流露和展示分享在他人看来也许就是赤裸裸的炫耀。

2. 互动不必太频繁

关系一般的同学之间联系不必太频繁，需要保持一定的距离。如果现实存在较大差距的同学之间联系过于紧密，久而久之就会发现彼此在价值观、人生观等问题上存在分歧，最后依然会走向疏远。

3. 不过度炫耀、显摆

在同学朋友圈和同学群中不要过度炫耀和显摆，不要让所谓的虚荣心作祟。时过境迁，往昔的同学经过岁月的洗礼各自走向了不同的人生，人与人之间必然会产生较大的差距。家庭富裕的同学如果过度展示自己的财富，会让生活水平一般的同学觉得你是在单纯地炫富。

4. 对他人多支持鼓励

对同学要多鼓励多支持。生活工作上如果有困难了应该互帮互助，献出自己的一份微薄之力。但与此同时，我们需要对那些借同学情谊，反复借钱求助的同学保持警惕，避免上当受骗。同学之间需要正视差距，保持一种宏观上的联系，如果和所有同学都保持亲密的关系，那么有心之人会借助这层关系向你请求帮助，最后导致你惹祸上身。不是特别重要的同学，彼此客客气气往来即可，以免带来不必要的麻烦。

5. 积极传播正能量

要在群里传播正能量，善于发现同学圈里其他人的成就和光芒，在同学群里建立整体荣誉感。当发现同学的正能量事件在公众号推文、报纸或短视频中出现时，可积极转发以弘扬正能量，同时在同学群里为他点赞，这在一定程度上更能在群里建立集体荣誉感。

6. 忌讳吐槽、谩骂

同学群里忌讳直接的吐槽、谩骂。有的人也许认为"群"相对于"圈"更私密，但是群里成员众多，你发布的所有内容群成员都可见，而且群里鱼龙混杂，你在群里发表的言论很有可能被有心人截屏传播到别的"群"或"圈"中，不仅有损你在他人心中的形象，还可能带来意外的麻烦。

7. 不诉苦，不传播消极情绪

不要在群里诉苦，也不要传播消极情绪。每个人在生活中都会遭遇挫折，面临困局，当你觉得需要诉苦的时候，可以选择向关系亲密的朋友倾诉，而不要在同学群里无休止地诉苦，使群里弥漫着压抑、消极的氛围。在群里诉苦不仅无法解决你的难处，还会给你在同学心中的形象减分。有谁喜欢整天都是负能量的人呢？

8. 不要刷屏

要控制在群里转发信息的频率和数量，切忌刷屏，同时要注意在群里发消息的时间，中午和晚上的休息时间，尽量少发信息，避免影响他人休息。

9. 发表评论对事不对人

当我们对别人转发的资讯进行评论的时候，一定要以转发的资讯不代表转发者立场这个常识性的认识为出发点。在必要时应该特别加以申明，你的评论不是针对转发者的，以免引起误会，影响同学情谊。

10. 不要总是"潜水"

我们常常会感慨，同学群刚建立的时候很热闹，但是没过多久就开始沉寂。要保持同学群的活跃度，需要每一位群友的贡献。在同学群里不要长期潜水，逢年过节可以适当问候，与同学保持联系。

如何将朋友圈营造成一个"高活跃社区"

当然，你首先得问自己，你究竟需不需要一个"高活跃社区"，如果答案是肯定的，那么请往下看吧！

1. 回复所有评论

首先你要认识到你得到一条回复是多么宝贵。在一个虚拟社区中存在着"二八"原则，只有20%的用户才会真的参与内容发布、互动回复等行为。所以一个人做出一个回复行为其实相对成本是很高的，如果他对你这么做了，你一定要重视这件事。

很多人好不容易收到很多回复，却喜欢偷懒，来一个"统一回复"。对你来说很方便，但是你仔细地思考一下这个问题，他人动手动脑对你的动态进行评论，你却用一句话回复了所有人，就好像每个人给你送了个礼物，你回礼的时候只给了一个礼物让他们去分。

每个人付出都希望得到超过他付出的回报，如果回报低，慢慢地他就不会再选择付出了，如果压根儿没有回报，他会更快地选择不再付出。所以，你应该虔诚地把每个朋友圈"用户"的回复都当作他们给予的赠礼，认真地回馈给他们，让他们深切地感受到你的在乎，这样他们才会乐于跟你互动。因为他们每次的付出都会得到你的有效反馈。

2. 积极点赞他人朋友圈

当你看到他人的朋友圈动态，只要人家说的东西你有一丝丝回复的欲望，就应该去与对方互动。只有你去与他人互动，人家才会愿意跟你互动，这本来就是一件礼尚往来的事。千万别觉得别人给你点赞、评论都是天经地义的。社会心理学家认为，人们在交往的过程中遵循一种交换理论，参加交换的各方都期望从中获得报酬或利益，也就是获得满足自身的某种需要。人们都希望付出与获得等价。主动去给别人点赞，就是一种付出，点赞得多，别人也会回赞给你。如果对方点赞你的多而你点赞他的少，这中间就出现了不平衡，他就可能产生不愉快的心理，渐渐地就不给你点赞了。

3. 严格控制朋友圈内容

内容质量的高低是人们选择点赞与否的重要因素，人们总是倾向于给自己觉得好的内容点赞，如果一个人的朋友圈内容无聊低级，除非你与他是非常好的关系，不然不会愿意主动点赞。

怎么控制你的内容呢？很简单，做测试性发布。类似微博头条这样的重内容的社区或者资讯平台，都会做内容测试，将内容投放出去以后，看看互动情况是否良好，如果低于某种阈值，就会自动降低该内容的展示权重，让更少人看到。这种方案可以用在你的朋友圈内容上。例如，当一个动态发布 10 分钟后，发现并没什么人点赞和评论，如果这个动态对你来说也不算很重要，或者说没什么特别的欲望一定要给大家看，就可以删除掉。

如果你坚持做这件事，你的朋友圈除了刻意要公关或者发布的功利性动态以外，其他内容都会让大家觉得"嗯，这个人的动态通常是值得一读的或者有趣的"。这样在快速浏览信息的时候，会有人愿意停下来仔细看看你发了什么。

另外，要严格控制广告性内容。那些别人希望你帮忙转发的，或者因为工作需要必须转发的，都应该谨慎。

4. 坚持分类且控制发布频次

内容有时候是相对的。可能有些动态只对有些人是有效的，而对于与之无关的人来说，就是垃圾动态。所以，坚持合理分类你的好友，是很重要的。擅用朋友圈标签功能，很多定向的内容该给谁看，不需要给谁看，严格把控类别，为的就是尽量不骚扰无关的人。如果人人都这样做，或许你看到的朋友圈内容会更清爽，垃圾内容也会越来越少。而对你来说，精准地投放内容会带来更高的效益。

所以，要坚持对微信通讯录中的每个好友进行分类，发布状态时怀着敬畏之心，不要骚扰你的朋友们。

另外，请控制好你的发布频率。心理学家认为，人们都有好奇心理，总是希望接收到不同信息的刺激，而不愿被同质化信息刺激。即使是优质信息，但发布频率很高，人们可能因审美疲劳而产生厌倦心理。

5. 与朋友保持良好关系

微信中的关系有时与现实生活中的关系互为镜像。如果你在线下拥有优质的友人圈，自然大家愿意买你的账，无论在线上还是线下。不必多说，从真诚友好地给你的朋友们点赞开始吧。

6. 根据不同场景切换不同账号

我们不难发现，现在很多人都有两个或两个以上的微信号。

这种现象在微商、企业人员中较为普遍，因为他们需要在微信上建立自己的私域流量，与客户进行交流沟通，方便对不同关系的好友进行分类，更好达成交易。对于个人而言，是方便将个人生活和工作分隔开，更好地保护自己的生活隐私。那么当我们拥有多个微信号时，要如何经营管理呢？

首先是使用的问题，可能很多人问，两个微信号怎么在同一部手机上使用？其实方法有很多。第一，微信本身具有"切换账号"的功能，在"设置"选项中找到"切换账号"就可以在同一部手机上快速切换登录，不过这仅仅允许两个微信号来回切换，而且当你使用一个账号时，另一个账号会处于"休眠"状态；第二，下载分身软件（第三方软件），它可以将微信变出多个"分身"，方便登录不同的账号，与微信自带的"切换账号"功能相比，分身软件能够实现更多微信号的同步使用。

在互动中如何使用表情符号

在日常微信聊天中，表情符号有时可以取代文字表达，甚至可能获得更好的表意效果。目前微信可使用的表情符号种类很多，有微信系统自带的表情符号，有DIY（自制）的表情包，也有微信表情库里的主题系列表情包，等等。表情符号的使用也存在很多的学问。

表情符号的复杂内涵

1. 不同年龄层对表情符号的理解不一

年龄不同，对于表情符号的理解也不同。以最简单的"微笑"表情为例，70后或80后对这个表情的理解是最为原始的"微笑"含义；在90后或00后眼中，它的含义却发生了改变，被理解为"表面微笑，内心不悦""无语"，带有一种负面的含义。

2．不同国家对表情符号的理解不一

微信中标准化的表情符号全世界通用，但在不同的文化氛围之下，表情符号的含义相去甚远。比如发生天灾人祸时，我们习惯使用"双手合十"的表情来表示关切和祈祷，但在一部分外国人眼里，这是"两人击掌"庆祝成功的意思。文化背景的差异会造成对表情符号的理解差异，在交流中可能会引起不小的误会。

3．不同类型的表情符号的适用对象不一

随着网络社交媒体的广泛使用，表情符号的形式也越来越丰富，表情包目前就很受欢迎。人们可以通过表情包制作软件自制个人专属表情包。有的人会以自己的形象作为表情包的主体，但这种类型的表情包比较私密，适合发给家人或是关系亲密的朋友，发给关系一般甚至较为陌生的好友就会显得十分唐突。相对而言，微信自带的表情包适用范围则更广泛。

4．根据情景使用合适的表情符号

当我们的互动对象处于积极或消极情绪的时候，我们要学会使用合适的表情符号。如果对方处于悲伤、压抑的情绪之中，发"大笑""愉快"的表情符号就不太合适，会让对方觉得你不友好，不在意他的痛苦，这种时候使用"拥抱""悲伤"等表情能更好地传达出"安慰"的信息。如果是一个轻松愉快的氛围，表情符号的使用就不太受限制。

5. 制作真人表情包是否侵犯了他人的肖像权

如果不以营利为目的制作和使用真人表情包，只需保证合理使用，不侵犯真实人物的名誉权即可。一旦以营利为目的，则需要征求肖像权人、著作权人的同意，否则将构成侵权。

表情符号的作用

我们在进行文字交流的时候一般不会流露出十分形象具体的情感，而在进行面对面的交流时，语言、肢体与表情中的情感就容易表露出来。在网络聊天中也一样，文字不太显现情感，而表情符号就充当着表达情感的角色，它能够丰富语言文字所表达不了的东西。表情符号目前被广泛使用，算是社交文化中的亚类。

1. 有效避免尴尬

当我们和较为陌生的人聊天的时候，往往会遇到尴尬的局面，如果只用文字，有时候会发现自己不知道要说些什么，此时用上一个可爱有趣的表情，不仅能有效避免尴尬的场面，还能充分显示友好热情的态度。

2．将正面效果最大化

表情符号是对点赞的进一步延伸，甚至可以说是点赞的最高峰。点赞能够表达我们对某事物的认同或欣赏等态度，附加的表情符号则起到"锦上添花"的作用。表情符号能将点赞的效果最大化，它所表达的情绪更为丰满，更能促进人们情绪的化学反应（如促使兴奋），将气氛推至最高潮。举例来说，当我们想要向他人表达感谢的时候，简单的一句"谢谢"可能无法充分表达内心的感激之情，因此我们常常会在文字后面附上两朵鲜花的表情符号，甚至直接用表情符号取代文字来表达我们内心的情感。由此可见，表情包能够达到文字等其他符号所表达不出的意义，它在网络交往中的需求很大。从某种角度来说，当我们点赞、评论附上表情符号的时候，也是对表情符号的充分利用。

3．婉转表达情绪

表情符号具有替代作用。我们有时候可能不方便用文字表达情绪，比如生气、愤怒、疑惑不解，此时带有一定文字意义的表情符号就派上了用场。它们将文字的含义弱化，同时赋予内容活泼可爱的风格，这样既能有效表达情绪，又不会显得过于直接。

4．缓和气氛、增进情感

表情包有时不仅是缓和气氛的助推剂，也能给枯燥的文字注入情感。比如"收到"二字是我们在工作场景中常用的，这两个字没有任何感情色彩，比较平静、平和，在某些语境中甚至会有些疲惫和应付色彩，如果换成一个偏欢乐的表情包，则是给出"我乐意收到"的正向反馈；如果换成一个偏喜感甚至带有吐槽意味的表情包，也能轻松反映出"工作太多啦"的真实态度。

人们为什么热衷于发表情包呢？表情包究竟为什么能成为人们虚拟交流的重要组成部分？这要从我们的日常交流说起。

语言是思想的界线。很多时候，语言和文字并不能完整、准确地表达我们心中所想。为了克服这种"交流的无奈"，在日常交流中，我们往往会辅以表情、手势、肢体动作，表达更多信息，而交流的双方也会借助这些要素来理解对方话语的含义。

由这些语言之外的要素构成的"语境"，对信息意义的诠释起到了关键的限制作用。举例来说，当一个人赞美你时，他的表情是艳羡的、动作是正面的，无疑会强化赞美的意涵；但如果他的脸上不由自主地流露出不屑的神情时，你就很难相信他的赞美是真诚的。

但这种交流方式之所以能够实现，很大程度上是因为在面对面的日常交流中，信息是与信息传递者绑定在一起的，我们既能听到他说的话，同时也能关注他的表情、手势和动作。换句话说，日常交流时的信息和语境是紧密结合的。

而互联网带来的远程交流，尽管最大限度地克服了时间与空间的局限，但它却将信息与语境分离开来。信息文本脱离语境，获得了极大的独立性，但与此同时，一种看似正常实则值得深思的情形出现了：信息的大范围传递与发送者的不在场并存。

在远程交流中，人的身体是不在场的，参与对话的双方无法直观地观察对方的表情和动作，只能通过文字进行交流。但文字的语义多样性或者说"含混性"，有时候不能全方位的传达交流者的情绪，这就导致一方无法准确理解对方所要传达的含义。

在这种情况下，传递的信息越多，信息熵反而增加了。很多时候我们传达的信息会被扭曲，原因就在于在线交流中社交临场感的缺失。而表情包恰恰弥补了这种缺失，重新建构了意义传递的情境。

通过表情包进行交流，实际上就是对现实交流的一种拟态。如果说在线交流是现实交流在虚拟空间的延伸，那么表情包则成为现实生活中表情、手势、动作的延伸。相对于单一的文字信息，表情包所传达的信息更加直观、具体，也更细腻，因而能够补足文字交流时的含混性，帮助交流双方更贴切地理解对方所要传达的含义。

随着语料库和展现形式的不断拓展，无所不包的表情包甚至能够捕捉进而表征更多微小、含混、不可言说的情绪。彭兰教授在《表情包：密码、标签与面具》一文中说，表情包代表了一种"友好交流的姿态"，因为它自带气氛调节功能，能够拉近交流双方的距离，从而为交流创造亲切、轻松的氛围[1]。而当时间短、节奏快的移动化场景成为交往的主流形态，使用表情包往

---

[1] 刘汉波.表情包文化：权力转换下的身体述情和身份建构[J].云南社会科学，2017（01）：180-185＋188.

往会有"一图胜千言"的效果。文字回复需要一系列的打字动作，而表情包只点击就可以发送，大幅度提高回应的速度。同时，一个表情所传递的含义也大大超过同等数量的文字信息。适应了人们在瞬息万变的交流语境中快速获取、反馈信息的需求，这或许是表情包从 PC 互联网一直流行到移动互联网时代的原因。

第 4 章

朋友圈分类点赞心理

什么是点赞

点赞的定义及作用

"点赞"这一行为一开始源于 Facebook，用于在快节奏的浏览中简单地表达自己的意见。这一功能迅速走红，各类社交网站纷纷效仿。渐渐地，"点赞"被赋予的情感已不仅是单纯的赞同和欣赏，还蕴含着更为复杂的社交情绪。"点赞"背后的心理动机以及点赞者、被点赞者的心理反应成为一个有趣且值得思考的话题。

在朋友圈中我们有两种互动形式——点赞和评论。点赞形式单一，迅速快捷；评论则较为具体、针对性强，但需要手动输入。点赞相对于评论而言，有一定的优势。

（1）能指含义丰富。点赞既能表达认可，也能表达羡慕，还能表达关注，能够体现多种心理；而评论的含义往往比较狭窄，还可能会因为认知不同造成沟通不畅，影响好友关系。尤其是现在，点赞的含义已经被模糊化，它可以表达很多意思，关键是如何解读。因此轻轻点一个赞所表达的意思，也许比费尽心思组织的语言来得更广泛、更富含深意。

（2）点赞适用于浅层关系或上下级关系的人际交往。点赞可以避免许多人际交往尴尬。麻省理工学院教授雪莉·特克尔的研究证明，今天的人更喜欢"小啜一口"的网络社交方式，而不是大段的真实对话。评论这一形式表现得会比较亲密，一般用于关系好的朋友之间的互动，不是谁的动态我们都可以去评论或是随意发言的，不是特别熟悉的好友之间通过点赞进行互动更合适，也有助于慢慢增进感情。

（3）方便快捷。点击心形图标，点赞就实现了，这一操作相对于需要打字的评论更加方便快捷，而且点赞同样能表达支持、认同、赞赏等心理。看到朋友更新的朋友圈，觉得"无话可说"，或是"懒得写评论"，这种时候点赞就成了最佳选择。点赞与其他互动方式，如转发、评论等的不同就在于使用者不需费心考虑如何组织语言、表达何种观点，过程也更加简单，手指轻轻一碰就能向朋友表达自己的关注。

（4）暗示正在关注。点赞能快速告知别人我在关注着你的一举一动，并没有将你屏蔽，我依然想要和你建立良好的关系。有时候评论了却得不到回复，感觉很尴尬也很失落；点赞则没有压力，能让他知道自己在关注他，也不用让他人有必须回应自己的压力。有些人对于正面社交关系感到恐惧和尴尬，反而渴望通过点赞与人保持联系、维护关系，用他人主页状态下一个个自己的头像来证明自己的存在。

一般情况下，人们在发布动态后，都希望获得他人的"赞"。一方面，被赞体现出自己的生活、思想状态获得他人首肯，带来被认同感；另一方面，获得他人的"赞"表明受到他人关注。根据马斯洛需求层次理论，被赞能够满足人们被尊重以及归属和爱的需要。大多数情况下，点赞代表一种支持，点赞是当一个人对朋友发布的内容极度认可、祝福、羡慕时做出的行为。点赞既能表达对他人所发信息的认可、赞同等丰富心理，也能表达对所发朋友圈的微信朋友的认可，更能传递点赞者的一种友情。点赞能帮助朋友圈产生更多的互动及黏性，对点赞者来说，点赞一般表达了自己的认同感；对被赞者来说，这是获得满足感的主要方式。

随着生活节奏越来越快，人们面对面交流的机会日益萎缩，点赞因此成为保持人与人关系的一种简捷高效的方式，是为了表达"我记得你，我在关心你"这样的心情。有人晒出了自己畅想的美好未来，点个赞表达祝福与支持；朋友抱怨一些不走运、不顺心的小事，点个赞调侃一下；领导或者客户发动态，点个赞表达自己的关注。这种"有人给我点赞，我也给他回赞"的方式，让现实中没见过几面的人也能熟络起来。点赞已经成为成本最低、效率最高且效果也很显著的社交方式。

但随着微信的广泛使用，点赞功能也开始变得多样化，在不同情境下被赋予了不同的含义。点赞概念化成一个微互动或者微行为，这种微互动还有很大的能量在里面。那么，点赞有哪些类型呢？

点赞的类型

1. 首赞

首赞也就是第一个点赞的意思。当然，这是一种物理意义上处于局部空间里的点赞，它具有偶然性，也具有刻意性。有时是因为我们打开朋友圈就恰好看见好友刚发布的内容，顺手给他点了赞，这种首赞就具有偶然性。而有些首赞，是点赞人准备好了的，可能是和朋友一起外出游玩拍了不少照片，双方约定好了发朋友圈的时间甚至是内容，等着第一个去给对方点赞；也可能是公司领导发布了一条朋友圈，为了能在领导心里树立良好形象，有人会第一时间去点赞；还有可能是对某个人有爱慕或是崇拜之意，时刻关注着他的朋友圈，一旦对方有新的动态，也许内容都还没看，赞就先点完了。这些首赞都具有一定的刻意性，是为了向他人传递一个积极的信号。

2. 尾赞

尾赞，顾名思义，一般是指在最后点赞，与第一个点赞相对应。和首赞相比，尾赞有时讲究更多的技巧。有时我们往往会发现有的人会给自己几天前的朋友圈点赞，而出现这一现象的原因也有很多。有可能是因为对方平时比较忙，闲下来的时候会去关注比较亲近的好友近几日的朋友圈，给感兴趣的内容点赞；还有可能是刚好发现某位地位较高或是身份特殊的人发布了一条朋友圈，第一个点赞会吸引过多的关注，可能会导致别人不同程度的误解，为了避开这个敏感阶段，那么尾赞就是一个很好的选择，隔段时间再去点赞，既维持了感情关系，又不至于抢了风头。

3. 跟赞

跟赞指的是可能自己原本不想点赞，但是看到自己关注的人点赞了也会跟着去点赞；或是因为看到很多好友点赞自己也想去点赞。这种点赞其实包含着一种从众心理，可能自己对这条朋友圈的内容不感兴趣甚至都无法理解，但是看到别人点赞就跟风点赞。这些点赞的人就像"羊群效应"中那些纷纷跟着第一只羊跃过栅栏的羊一样，在第一只羊跃过去之前，它们对那道阻碍毫无兴趣，但是当第二只、第三只纷纷跃过去了，它们也不甘落后地冲向栅栏。这种带有从众心理和追逐流行心理的行为无疑是从众效应的很好体现。在从众效应中，个体在群体中往往会不自觉地受到群体的影响感受到来自群体的压力，因而在知觉、判断与行为上出现趋向于跟多数人相一致的现象，这种现象也就是俗话说的"赶时髦"。当然，还有可能是通过跟赞来避免别人误解自己区别对待，从而维持双方的情感关系。而许多人这种点赞只是为了跟随大众的脚步。

4. 选赞

选赞指的是选择性点赞。人们会选择某几条感兴趣的或是有共鸣的朋友圈进行点赞，也可能是对某人的好几条朋友圈进行点赞，这里面往往包含着人们情感的倾向性——我们只点赞一些自己比较喜欢、认可的内容。也可能存在一定的随机性——有的时候想点赞，有的时候不想点赞。

5. 深赞

深赞是指对一条朋友圈认同感极为强烈的时候，忍不住伸出大拇指去点赞来表达自己的认同或是敬意。此时的简单点赞是远远不能表达这份情感的，它比一般的点赞层次更深，那就是在评论里竖起"大拇指"再次强调这种情感。

6. 帮赞

帮赞，也就是帮忙点赞。我们常常会看到有人在朋友圈里转发一张海报或是推文，附上"求赞，谢谢大家"的文字，意思是请求别人给这条朋友圈点赞，集满一定个数的赞就能获取相关福利。一般关系不是特别疏远的都会帮忙点赞，毕竟是举手之劳，在这类朋友圈下，我们可能会看见平时不怎么点赞的人群。除此之外，还有可能是发布生活动态的人希望通过点赞来获取他人的关注和认同，他们往往会附上诸如"记得给我点个赞哦"之类的话语，关系较好的好友即使对内容不是很感兴趣也会帮忙点赞，以示友好。

7. 尬赞

尬赞，指的是你点赞之后发现长时间都没有其他人点赞，这时你可能会觉得将自己放在了一个尴尬的位置。此时会是一个进退两难的境地，如果撤回点赞，发布朋友圈者就会发现你的这一行为，可能会破坏两者之间的关系；如果不撤回，你又会觉得自己的点赞孤零零地在那条朋友圈之下。面对这种情况，选择克服尴尬感不撤回也许是更好的选择。

8. 全赞

全赞有两种：给某人的所有朋友圈都点赞，给所有人的朋友圈都点赞。

第一种行为通常出现在感情深、交情好的朋友之间，是维持感情的一种方式；当一个人对某人十分关注的时候，也会做出这样的行为，希望通过频繁的点赞来传达"我在关注着你"这一信息。

第二种行为通常被称为"点赞王"，无论是谁的朋友圈，无论内容是否有意义，他都会去点赞。一是因为他的休闲时间比较充足，有大把时光来刷朋友圈；二是他也希望可以通过点赞来和好友建立良好的关系。

9. 滑赞

滑赞是指可能连发圈者是谁和发的内容都没有看，就不小心给别人的朋友圈点了赞，随后发现点赞不合适就立即撤回的点赞行为。"手滑点赞"一词在微博出现得比较频繁，通常被明星用来解释一些真假难辨的误会。这种现象其实在朋友圈也不少见。

如因工作压力巨大而得了抑郁症的某人在朋友圈发了一条动态，发泄自己的种种不愉快并透露出自己患病的情况，而看见这条朋友圈的其中一人不小心手滑点了赞，但事后觉得点赞不妥便立即撤回，然后在评论区发拥抱的表情以示安慰。

手滑点赞后撤回这一行为，发朋友圈的人是很有可能发现的。在点赞的时候他能接收到你点赞了的消息，而当你撤回时他虽然无法收到相关消息，但他可以在自己的朋友圈下发现你取消了点赞。

10. 回赞

回赞指的是如果我们曾经收到过对方的点赞，那么我们也会给对方的朋友圈点赞。这种点赞体现了一种礼尚往来的传统美德，属于一种回馈式点赞。

11. 幸灾乐祸式点赞

好友遇到倒霉事儿发朋友圈吐槽的时候，给他点赞，表现出一副幸灾乐祸的样子。在一般的朋友看来你是幸灾乐祸，实在不妥；但是关系极好的朋友却心神领会，知道这是对自己自嘲的回应。

12."不得不"点赞

领导或者客户的朋友圈，有时候不得不去点赞；领导点赞了别人的朋友圈，有时也不得不去跟赞。这些点赞往往是身不由己，只是为了维持人际关系。

如何看待不同的点赞

点赞看似随意简单，却是检验人际关系的试金石。

那些经常给你的朋友圈点赞的人其实在向你传递着这样的信息：我一直在关注着你，体现出他们对彼此之间关系的重视。这类朋友我们应当珍惜，并投射自身的积极情绪。心理学者认为，个体拥有积极的情绪状态时，更倾向于给予其他事物积极的评价。点赞者自己心情愉快时，看什么都觉得赏心悦目，都想点个赞。这种动机下被赞的内容倒不见得是点赞者多么赞许的，但它承载着一份愉悦的心情。

在"圈"中，也有一些从来不给他人朋友圈点赞的人，有可能是对你毫不关注的人，也可能是不习惯点赞的人。当然也有可能你们基于某种客观连接而互加微信，如同事等，但对方或者你们双方对对方其实并不关注也不认可，你发的任何朋友圈他都不会点赞或者回应。但当你们一个共有联系的小群体几乎同时或者先后发朋友圈，他却有可能一路点下来。不得不说，有时小小点赞确实能反映现实中的亲疏远近。

我们虽然喜欢收到点赞带来的满足感，但是也不用在意不点赞的朋友。也许有些好友真的只是你的"僵尸粉"，但也不乏与你在现实中关系密切，只是不爱在网络上表达的好朋友。我们需要理性分析、客观对待，不用太在意别人的想法。

不论哪种类型的点赞，我们都需要欣然接受，微信社交只是社交的一部分，点赞与否都不会对你现实之中的人际交往造成太大的影响。

哪些情况一定要点赞

1. 他人偶尔发"圈"，一定要点赞

很久没发朋友圈的"归隐大神"突然发了一条朋友圈，一定要点赞。如果想要鼓励"大神"多发朋友圈，就一定要在他仅有的几条朋友圈下点赞、评论，让他注意到你一直在关注他，希望多看到他的相关动态。增加某种行为频率的最好方式就是给予正强化。

反过来说，点赞者在社交媒体中的活跃程度和点赞频率是影响被赞者心理感受的重要因素。当活跃程度低，平日极少点赞的人点赞时，被赞者的情绪波动更为强烈。也就是说，一个很少给别人点赞的人，突然给你点了个赞，你会觉得尤为高兴，而那些每天都给所有朋友点赞的人给你点了个赞，你的情绪就不会很强烈。

2. 记录人生重大节点，一定要点赞

这种类型的朋友圈，文案和照片都经过了精心设计，发出来都是希望收到圈中好友的祝福，他们期待点赞与评论。

例如，有些人领结婚证只需要半小时，但编辑一条宣布结婚的朋友圈文案和配图也许需要一个星期。但凡遇到记录人生重大节点的朋友圈，似乎文案和精修图里都流露着发布者期待点赞的眼神。

3. 新加好友时，要多点赞

微信中的好友如果长时间不联系，有些就会消失在彼此的朋友圈中。所以刚加好友时一定要保持适当的热度，在没有私聊的交流下，点赞朋友圈就能帮助感情迅速升温。刚加好友的几天内，要多给对方点赞。

4. 志趣相投，要点赞

当别人分享的文章被你在意的人点赞了，可跟风点赞，这不仅能从侧面证明你们志趣相投，还能让你以最不刻意的方式出现在他的朋友圈动态当中。在曝光效应的作用下，你出现在对方视野中的次数多了，你们的关系会慢慢贴近。这不仅能从侧面证明你们志趣相投，更重要的，你出现在他视野中的次数，也许就决定着你们之间的温度。

5．他人给你点赞之后，一定要礼貌地回赞

点赞作为"社交货币"，只有流通起来才有意义。人家给你点了赞，你不能只囤不出而应礼尚往来。当你发完朋友圈一小时后还是 0 赞 0 回复时，你就会意识到平时多给别人点赞积累人缘有多么重要。

6．他人发布原创内容时，要点赞

被赞的内容是否原创也极大程度上影响了被赞者的心理感受。如果是自己努力的成果被点了赞，这种高兴的情绪会更为强烈，而自己转发的内容被点赞时就不会产生特别强烈的积极情绪。

一定要点赞的情况并非只有上面的几种，有不少情况是因人而异的，需要自己进行判断。一般为了博得好感度、升温感情、积攒人缘，都需要去给别人的朋友圈点赞。

什么情况下要有技巧地点赞

1．想要引起他人注意时，切忌秒赞

当自己有好感的人或是想要在其心中留下好印象的人转发了

一篇文章的时候，切忌秒赞。秒赞会让对方觉得你连文章都不看就点赞，十分敷衍。正确做法是认真阅读完文章或是估计一下阅读完的时间，到点儿再点赞，表示自己是认真阅读后才表示认同，让对方觉得你真诚。

2. 刚成为朋友时，适度多点赞

刚添加微信好友的时候，翻一翻对方以前的朋友圈，点点赞。这种点赞并非冒犯，反而是尊重，相当于告诉对方：我十分想了解你，我想和你建立友好关系。给许久不联系的好友以前的朋友圈点赞也能起到相似的作用，传达给对方自己十分看重这段关系的信息。

3. 德高望重者发"圈"，最好点赞加评论

有些德高望重的长辈或领导发布的朋友圈最好是点赞加评论。单独的点赞是十分不礼貌的行为，会让人产生"被批阅"的感觉。所以在点赞之后最好附上一条评论，或表示赞美或表示认同。在前面的基础上对其朋友圈进行转发则是更好的方式。

4. 甲方发了朋友圈，视情况点赞

如果你还没完成甲方要求的任务，一定不要乱点赞，否则甲方看到之后，很有可能来催你提交方案。但是如果方案提交了，就可以以点赞的方式来提醒还没做回复的甲方尽快

给出回复。当然在合作结束之后，也可以多点赞以求更多的合作机会。

5. 好友发"圈"哭诉遇到倒霉事，可点赞调侃

在留言区充斥着"心疼""抱抱""没事吧"时，大可用一个赞表达幸灾乐祸之意，不仅帮助对方完成了自黑仪式，同时也向外人证明了你俩的亲密程度：哼，你们这种普通朋友也就有安慰的份儿了，但我敢"嘲讽"。

6. 毫无意义的朋友圈，可视情况点赞

有些人喜欢在朋友圈发不明所以的照片、隐晦模糊的文字，流露出让人看不出也看不懂的小情绪和小心思。普通人的习惯是：给自己看得懂且认同的内容点赞。所以此类朋友圈往往无人问津。

但是，就算你看不懂，也不妨点一个赞，向对方传递"我关注你"的信号。如果对方真的只是喝醉了乱发了一条朋友圈，你的点赞根本无伤大雅；如果对方是钓鱼式发朋友圈，恭喜你，你又给自己挣得了不少印象分。

7. 讨厌某个人时，用点赞来隐晦表达态度

单纯不给他点赞，是无法传达信息的，你需要的是呈现出"成心不给他点赞"的样子，具体操作为：给那些在他之前和之后发朋友圈的共同好友们点赞点个遍，但就是不给他点赞。

哪些情况下，点赞存在高风险

1. 存在降维打击的可能性时，谨慎点赞

偶然添加、私交甚浅的"大牛"朋友发布了朋友圈，你应该谨言慎行。因为互无交集，你的赞对其来说，很可能是一种打扰。当他在消息列表中看到了不甚熟悉的你，就会纳闷儿：这是谁？我什么时候加了这个人？这时，点赞带来的不是对方的好感，反而是被删好友的风险。

2. 特殊时段里，谨慎点赞

不要在上班时间给同事或老板的朋友圈点赞，也不要深夜给刚说完"晚安"的对象，或你们的共同好友点赞。好不容易忍住不发朋友圈，却被一个赞暴露行踪就不值当了。

3. 朋友圈内容同质化时，全赞或不赞

看到一起加班晒凌晨的同事、发同一张照片的毕业班同学发朋友圈，要么就一个不落都赞，要么就集体忽略不赞。给这个点了不给那个点，则有偏袒之嫌，容易引起类似于"你是不是在针对我"等不必要的误会。

4. 不要过早给"社交达人"点赞

当"社交达人"发了一条可以预见会收到大量点赞的朋友圈，而你又和他拥有大量共同好友时，谨慎过早点赞，否则你要么会收到"一吨"的点赞提醒，要么得增加一个"不再提醒"的步骤。

如何赢得高赞

1. 合适的时机很重要

合适的时机有三个重要的点。一是同点赞一样，发布朋友圈也十分有讲究。如果想要获得一定的发布效果，发"圈"的时机十分重要，不然就算你发了，也不一定能被他人看见。时间上，早晨 6：30—9：00（晨起或是早高峰赶车上班期间，抽时间刷朋友圈）、中午 11：30—13：00（午饭时间边吃饭边刷朋友圈）、17：30—20：00（下班、晚饭期间刷朋友圈），以及21：30—23：00（睡前放松时间刷朋友圈）是发布的最佳时间，这些时间段的朋友圈均具有一定的传播效果。而发朋友圈也有不适合的时间点：上午 9：30—11：30 一般属于上班时间，许多人忙于工作很少有时间刷朋友圈；13：30—16：30 属于午休或上班时间，可能需要赶当天的工作进度，也很少会有时间刷朋友圈。二是选择周末，一般情况下上班族到周末节奏都会慢下来，他们拥有更多的时间查看朋友圈动态，有些平日潜水的人在周末也会冒出来，刷一刷朋友圈。三是紧跟热点发生时间，选择和重大事件联系紧密的时间段发朋友圈。在此时间段大家都在关注热点话题并在朋友圈积极讨论，比如疫情期间，大家都对疫情信息十分关注，时常会点开朋友圈看身边好友的动态，了解相关情况。在热点发酵时期发布的朋友圈更容易受到大家的关注。

2. 选择合适的语言及形式

在发布动态时，叙述的语气也十分重要，谦虚自嘲、诙谐幽默的语言风格更容易获得高赞，而阴沉沮丧或是高傲自满的语气会给他人留下不好的印象，导致人们不愿意去点赞、评论。

注重形式的选择。除了简单的文字，有些人还会添加图片以增强朋友圈内容的丰富性。而图片的选择也十分重要，首先要选择能够体现差异性的图片，不能几张图片看起来都大同小异，显得没有新意；其次要选择高质量的图片，抛弃过于粗糙的图，选择清晰形象的图，给人以视觉上的良好体验；最后要注重图片的布局，尽量选择4张、6张或9张图片，展现整齐布局，尽量不要选择5张或7张这样让布局有缺口的数量，如果图片实在不够，可以使用纯色图片弥补空缺。

3. 运用霍桑效应和焦点效应转变表达方式

心理学中的霍桑效应主要是指当人们意识到自己的工作或学习受到社会重视与关注时所产生的积极的反应。在朋友圈中，每个人都在不同程度地扮演着公众人物的角色，通过原创图文、音乐，推送或链接的转发将自我的价值观、生活状态以委婉或直接的形式表现出来。在这一意义上，朋友圈是个人展示形象的舞台。同时，受焦点效应影响，人们往往把自己看作一切的核心，并直觉地高估别人对我们的关注程度。在此背景下，在发布朋友圈过程中，为了塑造自我的社会形象，人们普遍会出现表达转变。如果说理想自我更多的是向内转，即满足个体自我实现的需要，那么霍桑效应则是出于社会系统下发布者获得认可的需要，即满足自我的社会需求和尊重需求。社会主流意见、标准和价值观实际上促使朋友圈用户不自觉地选择自我行为中与之契合的部分进行发布。要选择正能量的、积极向上的内容，文案也十分重要，朋友圈里有趣有才的段子较容易获得他人的认可与追捧。

4. 运用他人转发的力量

我们常常能够发现，我们在朋友圈里发布的关于自我成就之类的内容，影响力不如其他人帮助转发，也就是第三者宣传的效果大于本人的宣传效果。从自我角度出发而发布的朋友圈，一些人会认为你单纯是在进行自我夸耀，可能没有想要点赞或评论的想法；而通过其他人的转发，无形之中会更具有信服力，转发者视角所表达的认可态度能够带动其他朋友的认可与赞赏，从而达到更大的影响力。朋友圈转发的范围更广泛，排除可见范围或屏蔽等设置，圈内所有好友都可以看到我们转发的朋友圈内容，传播效果也更好，有时候私人转发的内容对方不一定会看，刷朋友圈的时候看到他人转发的文章倒是有可能会感兴趣地点一点，了解一番；同时也可能出现预期之外的传播效果。

5. 掌握朋友圈规律

明白朋友圈里内容发布、点赞、评论的规律，更有助于建立良好的社交关系。如朋友圈里的点赞不可随意，不能只给个别地位高者的朋友圈点赞，不可表现出过于强烈的功利心；发朋友圈要注重自身品牌建设，不要展示太多生活动态，避免泄露太多个人隐私；积极展现自己的工作能力、学习能力与个人魅力，才能吸引潜在"朋友"；他人在自己朋友圈下的评论互动需要及时回应，这样更利于社交关系的建立与维护；朋友圈内不可充斥着负能量内容，这样会给圈内好友带来不好的印象，有人甚至会把你屏蔽、拉黑。

如何给他人点赞

给领导和同事点赞要注意的问题

在有领导存在的大群里，如果领导发的是一些正能量的内容，那么顺其自然，依照时间顺序点赞即可。做出首赞或是评论行为的人往往会在领导心里留下十分好的印象，领导往后也许会对他有更多的关注；而那些领导期望来点赞却没点赞的人，如工作联系较为紧密的团队成员，就很有可能让领导心生疑虑。

朋友圈里有时存在领导授意的率先点赞人，这类人我们可以称为"领赞者"。他们往往是对朋友圈内容比较熟悉或是发布体系内的人，在领导的朋友圈中他们起到点赞表率的作用，带动其他员工点赞、转发支持，避免了因发布时机不对、内容一般等问题造成的点赞少甚至零赞现象。

点赞与否和关系亲疏密切相关。在单位中，我们难以做到和每一个人都成为好朋友，亲密与疏远的关系必然存在。这样的亲疏关系不仅仅存在于人与人之间，还存在于行政单位之间，牵涉"利益共同体"的问题。当两者有共同利益的时候关系自然亲密，产生矛盾的时候固然会有所疏远，而通过在朋友圈点赞或在群里的认同表达，我们能够了解这些亲疏关系和矛盾冲突。

通过朋友圈点赞，我们能清晰地看到某条朋友圈内容的受欢迎程度、获支持程度和受认可度，有的同事是单纯地对内容表达认可或漠然，而有的同事存在着嫉妒的心理，他不点赞、不评论针对的不是内容，而是发布内容的人。如前文所言，微信上的关系有时是现实中关系的镜像。当出现此类问题时，我们就需要审视自己是否与他人在现实中有矛盾冲突，是否有必要去缓和一下。

1. 要避免选择性点赞

当多个领导或同事接连发布动态时，切忌选择性地筛选点赞，当你点赞某人的一条动态，忽视另外一个人的一条动态时，可能会让当事人与旁人产生误会，认为你是对某位领导或同事存在偏见而故意不点赞。

2. 不要光转发不点赞

当领导发布一条动态，为了表示支持，我们可能需要对该条动态进行转发分享，但单单转发而不对原动态进行点赞是万万不可的。点赞是我们表达赞同与支持的首要行为，而只转发不点赞的行为会被误认为只是为了迎合领导，可能连内容是什么都不知道就盲目进行转发了，反而可能形成负面效果。因此千万不可以只转发不点赞。

给家人、亲戚点赞要注意的问题

从前网络技术不发达，家人之间通过面对面交流来建立感情联系，一旦孩子或家长远离家乡，不少家庭成员受交通影响不能经常见面，远方亲戚更是渐渐失去了联系。如今发达的社交网络让人们突破了物理空间上的距离，家人之间通过微信等社交网络平台建立联系，增进互动，维系亲切感。从宏观层面来说，朋友圈在家人之间起到了连接纽带的作用，帮助家人们搭建起交流沟通的桥梁。

长辈是家人朋友圈和家族群的核心人物，在家族中占据着最高地位，晚辈们秉着孝顺之心都会询问长辈状况，关心长辈的生活，长辈的生活照片也经常会被发在家人朋友圈和家族群中。

家人们喜欢在群里谈论健康养生、分享生活日常、发红包等，大家可能会转发一些养生小贴士提供良好的生活建议，可能会晒自己家里可爱的小朋友，也可能会晒自己出门旅游见到的美景等和生活息息相关的内容。值得注意的是，家人朋友圈里的这些"晒"并不是显摆，而是一种分享。家人们通过分享好玩的、有意思的内容形成活跃的互动，能有效增进家人之间的感情。

家人朋友圈里连接最紧密的往往是有关共同生活的记忆，所以当一些老街照片或是某人的照片出现在家人朋友圈或家族群中时，家人们都会产生强烈共鸣并由此引发热烈的讨论。"以前那个调皮捣蛋的小屁孩现在也已经娶媳妇了""奶奶还是一如既往地年轻有活力"等话语常常会出现在怀旧话题的聊天之中。可以说怀旧是最能牵动家人群聊的话题，也最能够活跃家人朋友圈的气氛。

朋友圈就像是一帮人坐在一起听某一个人的发言，你的一言一行都被他人看在眼里，而其中存在着的礼仪文化、风俗人情等学问，都是值得思考、注意的问题。

1. 尊重长辈

晚辈们要懂得长幼有序、尊重长辈。可能在现实交流中父母与孩子之间像朋友一样相处，孩子偶尔会吐槽会反抗，但是需要注意线上与线下的区别，不能将线下语言随意运用在线上的家族群中。在家人群或朋友圈中，晚辈们不能莽撞，不能和长辈争论，说一些没有礼数的言语，会给长辈们留下不好的印象。

2. 避免谈钱

俗话说"家人之间不谈钱"，家族里固然存在生活水平有差异的家庭，如果较为富裕的家人在群里谈论自己的工资、生活消费，也许说者无意，但毕竟听者有心，谈钱的行为难免会被认为是在炫耀自己的家产，轻视生活水平不如自己的家人，家人之间的不平衡感也就此而生。在家族群中，家人们应当多多讨论健康、娱乐等问题，或是进行集体怀旧，谈谈过去的生活。

注意家人之间的平衡和平等，不要厚此薄彼。不同的家人之间确实会存在不同的亲疏关系，但我们需要辩证看待家族群，不能对家人搞区别对待，"给舅妈点赞而不给舅舅点赞"是极不可取的行为，这会带来不必要的误会，造成家人关系尴尬。

对每一个人来说，家族群是将我们与过去连接起来的纽带。中国人喜群居，与西方人的独立自主截然不同，中国家庭里家人之间的联系是极为紧密的，家族包含着我们的文化基因、我们的传统，寄托着一种中国独有的文化和情怀。网络时代下建立的家族群正是加强了这种联系，让家人们的关系更进一步。我们需要正视家族群里展现出的真实的、传统的一面，主动热情地在家族群里发出自己应有的光和热。

3. 正视传统

家庭的"圈"和"群"中还会涉及复杂的传统文化关系，比如尽孝。一个家庭中基本少不了兄弟姐妹，孝顺父母也成为必不可少的话题。当二姐带着爸爸妈妈去商场逛街并发布了朋友圈的时候，大姐会给妹妹的朋友圈点赞，甚至要评论"晚上带着老爸老妈来我这儿，我请大家好好吃一顿"之类的话以表孝心。不在同一个城市无法"实时"尽孝的其他兄弟姐妹，除了在朋友圈点赞外，也往往少不了在家庭群里发发红包以"表彰"对尽孝者的赞许和感谢。

不让他人为难，不让他人陷入尴尬境地也是我们应该尊重的传统礼仪文化。比如办厂的三弟想要改建工厂，但资金紧缺，他直接在家庭群里向亲戚们借钱。使用这种在群内公开借钱的方式，亲戚们就不好意思让他下不了台，在群里回应两句就会转入私聊，询问具体事项。

关于朋友圈屏蔽父母。微信作为一种大众主要的网络交流平台，其朋友圈的功能也逐渐成为人们分享生活感悟、抒发情感和交流思想的主要阵地。随着网络技术的普及，越来越多的父母开始使用微信，朋友圈不再是"我和同学朋友的私密场"，一些子女因此很烦恼。于是"屏蔽"父母者渐多，留下"一条横线"任家长想象。家长抱怨、子女烦心，到底是谁出了问题，又该如何化解这"一条横线"带来的隔阂？

这道横线让子女和家长都颇感压力，按照年轻人的话来说，就是"科技进步竟然增加了彼此无形的隔阂"。

一些专家认为，子女潜意识里避开束缚、渴望自由的本能，成为他们把父母拉入朋友圈黑名单的主要原因。

医生史晓红分析说，青少年正处于心理"断乳期"，他们此时有自己的生活逻辑和思维方式。在绝大多数子女的潜意识里，父母是管理者的角色。因此，他们认为，父母在与他们成为微信好友之后，会让他们的私生活受到打扰甚至让他们产生被窥探的反感，久而久之就会抗拒与父母分享。

从心理学角度来说，人际交往的密切程度有多高，取决于共同心理领域有多大。共同心理领域越大，交往越密切。

因此，福建师范大学教育学院教育心理学教授连榕解释道，年轻人选择对父母屏蔽自己的朋友圈，这种做法与自我价值的确立和情感安全有关。在年轻人心中，父母往往是强势的、给予指导的一方，和自己在态度、观念方面缺乏相似性。相反，同龄人、熟悉的朋友和自己对一些事情的看法、态度会比较一致，有共同的价值观、共同的情感安全需要，这就排除了一些不确定性，因此年轻人更愿意对同龄人、熟悉的朋友开放朋友圈。

面对"微信拉黑父母"，不能一味指责子女不够孝顺，不理解父母的良苦用心，却忽视年轻人的精神文化诉求。在尊重父母、子女各自的利益诉求和文化差异的基础上搭建互动平台，提升亲情互动意愿，精神家园才会更加厚重。

教育专家建议，对于家长来讲要理解孩子的心理需要，尤其是青少年的心理既具有闭锁性又具有开放性，一方面他们希望得到他人的认可，另一方面又希望对父母保留自己的空间和隐私。父母应当给予理解，不宜采取强硬态度，因为这是孩子成长中的一种心理需要。

"对于现在的年轻人来讲，家长对他们的理解远比了解要重要。"史晓红说，其实，大多数的父母都犯了一个错误，朋友圈并不是了解一个人真实生活状态的最佳途径，而从了解到理解，有些父母首先就要摆脱对孩子朋友圈的关注。

连榕建议，父母可以建立家庭的微信群，通过在微信群中交流来加强与孩子的互动，了解孩子的想法。同时，除了在网络中了解孩子外，父母还可以在现实生活中加强和孩子的沟通，通过家庭活动、亲子旅游、聊天等方式和孩子愉快相处。而子女如果感觉受到打扰，也可以尝试采取直接沟通的方式来解决。[1]

我们认为，家长与其一味的感觉被子女屏蔽"很受伤"，倒不如换位思考，试着去理解子女的情感需求和一些无伤大雅的"小心思"。无论如何，都不应该高估在朋友圈内进行亲子交流的实际效果。深层次的沟通和关怀，还是应该存在于线下的真实世界里。

朋友的类别

1. 强相关者

强相关者，即在人际关系中双方的关系较为密切，或者是某方面的共同体。人们一般会更关心强相关者的动态，会给他的朋友圈点赞或评论，而对方也会给予适当的反馈。

---

[1] 中国网事：屏蔽父母？朋友圈里的"横线鸿沟"如何解［EB/OL］.（2016-02-20）. http://news,xinhuanet.com.

2. 弱相关者

相对于强相关者而言，弱相关者之间的关系就比较疏远。人们对于弱相关者的朋友圈持中立态度，认为可点赞（一般情况下会选择能产生共鸣心理的内容进行点赞）也可不点赞，而且点赞、评论不一定会得到对方的反馈。

3. 特别知己

特别知己指的是关系特别好的朋友，程度超越强相关者。这种朋友往往可分为两类。

第一类："逢发立点"型。只要是这位"特别知己"发的朋友圈，都会进行点赞或评论，同时会有互动。

第二类："没有必要"型。这种类型的朋友反而不太会对知心朋友的朋友圈进行点赞，他们认为双方关系十分密切，不需要通过客套的点赞、评论行为来表现关系的友好，而是更倾向于在私聊中保持密切的联系。

4. 特殊朋友

此处的"特殊"分为两类——特殊时间与特殊事件。

第一类：特殊时间。特殊时间下的特殊朋友具有不稳定性，可能因为某段时间联系较为紧密，原本的弱相关关系暂时性地转换为强相关关系。此类朋友之间并不会展现出"全赞"状态，以免表现得过于功利，而是用频率较高的点赞行为以示友好。这类朋友也许在一段时间后会回归弱相关关系。

第二类：特殊事件。一般人类都具有共情能力，在朋友圈看到能产生共鸣的内容时，不会在意发布者是什么关系的朋友，会不由自主地点赞、评论，或表示关心，或表示赞同，抑或表示祝贺。比如说，当朋友圈里有人遇到困难甚至需要帮助的时候，会出于同情给予安慰，表达关心。

给朋友点赞的心理

1. 维持关系型点赞

为了吸引对方的关注，暗示自己在时刻关注着对方，以示友好，有利于维持朋友关系。

2. 观点主张型点赞

当朋友圈中有人表达了自己对于某些事物的观点，而这一观点与我们的观点恰好一致，点赞行为就会产生。此时的点赞就是表达自己对此观点的认同，并主张自己的观点。当有不一致的观点时，我们可能会直接在评论区发表自己的观点，这同样是一种观点主张。

3. 照顾周到式点赞

有时也可以称为"强迫式点赞"。我们常常能在自己的朋友圈看到"点赞狂魔"，他几乎给所有人的朋友圈都点赞，不管婚丧嫁娶，不管三七二十一，是条朋友圈就要赞一遍。这种心理与个人的做事风格有关，也与个人的性格有关，此类人可能认为给所有人的朋友圈点赞会表现出情感统一的倾向，不会让他人产生心理偏差；也有可能觉得点赞了某个人的朋友圈却不给另一个人的朋友圈点赞说不过去，存在一种强迫症的心理。

4. 深度认同型点赞

这种点赞具有间接性。举例子说，当小李转发了好友小王的相关动态的时候，和小王不存在共同朋友圈的小张给这类动态点赞，于是小王和小张就建立了朋友圈里的串联关系。小张的点赞行为可能出于一种强烈的人物认同感，或是一种钦慕感，还有可能是小张对过去和小王友情的怀念（假设小王和小张以前就认识但因为长久没联系没有了联系方式）。

5. 商业目的型点赞

此类型最为明显的是微商，他们为了博得朋友圈里潜在客户的关注，十分积极地给对方朋友圈点赞，让这些客户能够注意到自己，关注产品，从而实现营销目标。还有一些经营者会给朋友圈里有较高地位的朋友点赞,这种点赞行为同样是为了博取关注,建立起良好的关系，为之后的产业经营建立人脉资源。

6. 功利目的型点赞

此类型的点赞具有行政目的性，大致存在三种情况。第一种情况是朋友职位升迁，人们会为其点赞以表祝贺；第二种情况是以人脉经营为目的，有些人通过点赞来保持朋友之间的情感交流，维持稳定经营；第三种情况常见于普通朋友之间，当朋友获得荣誉、得到奖励在朋友圈分享时，大家会为其点赞以表祝贺和支持。

7. 情感目的型点赞

此类型的点赞中存在一种倾慕心理，他们通过朋友圈的点赞评论于无形之中表达自己的情感。个人与个人之间的私聊可能会表现得过于明显，而朋友圈中的互动能较为委婉地表达这种情感并且能让对方有所感知。

第 5 章

朋友圈的未来与思考

朋友圈是一个显微镜

社交网络中所展现出的内容，能真实反映出一个人的真实面貌吗？某种程度来说应该是可以的。心理语言学家早有研究，通过一个人的文字或者说话等自然语言（包括内容及人称、代词、助词等具体语法），可以大致判断这个人的性格、情绪、思考方式。

IBM 曾发明了一项技术，通过对一个人发送的 Twitter 文字进行心理语言学分析，就可以判断他的性格。使用这项技术，只需要分析 200 条 Twitter，就能大致了解一个人的潜在特质（包括人格、个人需求、价值观、社会行为几个方面的 52 种特质），准确度在 90% 以上。换句话说，计算机可以在心理理论和大数据的基础上进行建模，推算出一个人的语言风格，再根据一个人所表现出来的言谈举止、生活点滴和情绪表达，推算我们想要掌握的特质。

朋友圈里有什么

朋友圈是我们生命历程的缩影,是我们辛勤耕耘的时光田野,是我们自我展示的舞台,是琐屑生活的记录本,是顾影自怜的镜子。它像一个显微镜,展示的内容与我们的性格高度一致。第一,性格外向的人更倾向于发一些体现个人生活状况的照片、文字等内容。第二,性格内向的人更倾向于在朋友圈里宣泄情感。

1. 生活中的另一面

通过朋友圈我们可以看出一个人的好恶,可以了解对方喜欢什么、不喜欢什么。大部分人会通过朋友圈分享自己的生活,有意无意之中会透露出自己对某一事物的态度、倾向等,浏览朋友圈即可了解这些信息。

我们可以发现他人的一部分隐私,发现以前所没有了解到的信息。这种信息的获取有时不是来自对方的朋友圈,而是其朋友的朋友圈。举例来说,小张每天晚上会去江边跑步,但是他从来不把这一活动发布在自己的朋友圈,而与他一起跑步的小李会在朋友圈发布两个人一起跑步的照片,并被两人的共同好友小王看见了。原本不能通过小张朋友圈了解到这一信息的小王,却通过小李的朋友圈发现了小张有运动的习惯。朋友圈的间接联系就体现于此。

通过朋友圈我们可以发现好友的"B"面。因为在现实生活中，有些内敛沉静的人却可能乐于在朋友圈展现欢脱的另一面，让"圈"里的朋友发现并了解到这些信息。此外，我们还能通过别人的朋友圈发现那些怀才不露的谦虚之人。

2. 性格、个性

通过朋友圈我们可以看到一个人的性格、个性。朋友圈里充满各式各样的人，他们的性格特点有时会透过其朋友圈得以展现，有大大咧咧型——想在朋友圈里说什么就说什么，表露出最真实的自己，也不会在意他人的看法；也有乐于助人型——在朋友圈里为朋友两肋插刀，主动提供帮助；还有粉饰型，也就是"立人设"——为树立在他人心中的美好形象而为自己进行包装设计，向外界呈现出与自己并不完全相同甚至截然不同的形象。除了以上三种类型，还有细腻谨慎型、乐观开朗型、霸道蛮横型，等等，这些性格特征都会通过他们的朋友圈展现出来。

3. 文化修养与学识水平

通过朋友圈我们可以看出一个人的文化修养与学识水平。有一句话说"微品即人品"，就是说在这个社会，微信朋友圈就是一个人的门面，他的微信昵称、个性签名、每一条动态可以暴露其文化修养与学识水平。有的人分享自己最近阅读的书籍，有的人分享愉乐生活，有的人发布不太正面的照片，个人的文化水平在其朋友圈的字里行间或照片视频中可被一览无遗。

4. 价值观

通过朋友圈我们可以了解一个人的价值观，从而知晓双方是否拥有相同的价值观，是否合得来。价值观相近会促进感情交流，价值观相去甚远则会让两者之间的关系越来越疏远。

5. 喜怒哀乐

通过朋友圈可以看到好友的喜怒哀乐。所谓"相由心生"，在面对面的交流中我们可以通过对方的表情发现其心情状态。在网络世界里，朋友圈替代面部表情暗示了一个人当下的情绪：一张色调沉闷的图片、一段压抑的话语可能暗示着对方抑郁的心情，欢快活泼的文字或是一张微笑的自拍照则可能代表其内心的快乐。

朋友圈就像一张名片，决定了别人对你的第一印象。有些人会在朋友圈里发自己的照片，如果图片角度奇怪、清晰度极差，会让人觉得你生活邋遢，毫不在意形象。

从朋友圈甚至可以看见一个人的未来。每天坚持在朋友圈里打卡学习英语的人，在某一天发了庆祝自己雅思考到 8.5 分的动态；每天健身打卡的人，在某一天晒出了马甲线；每天坚持在朋友圈写点小作文的人，在某一天建立了自己的公众号，收获了一批粉丝。这些人在发布朋友圈的同时，也一点点地改变着自己。

朋友圈可以帮助一个人回顾自己已有的人生历程。对于喜欢发布动态的人来说，朋友圈是人生的记录本，所以当他们陷入迷茫或是其他心理状态时，他们可以回看自己的朋友圈，看看自己最近几年的经历，思考自己真正在找寻的理想与状态。例如，在风投公司拿着高薪的经理在一个失眠的晚上翻阅着自己曾经的朋友圈，回忆起了自己从小就想当旅行家的梦想，而他从未付诸实践，因此他决定辞职去看看外面的世界。从某个角度看，发朋友圈是将我们的所思所想、经历的大小事件都记录了下来，制成一份别样的人生简历。

不同性格特点的人发布的朋友圈有区别吗

有一位英国研究者曾经招募了 555 名志愿者，让他们完成人格特征问卷，并得到了 Facebook 的授权，借此分析了更新内容与人格特征的关系。研究得出的结论与如今的朋友圈的更新规律是一致的。

外向型人喜欢在朋友圈分享日常社交。他们乐于分享趣闻逸事，遇见了奇葩的人、看了演唱会、参加了派对，都要发布到社交平台上。他们在网络上很活跃，很会与他人进行交流互动。这类人使用朋友圈的目的主要是沟通和获取信息。

开放性更强的人更喜欢在朋友圈里表达自己对某一热点事件的看法或是对社会现状的关注，也有的喜欢展示自己的创作。他们更多是通过朋友圈来获取信息。

自恋型的人更喜欢在朋友圈里秀出自己的成就——工作成果、锻炼效果等，目的是得到他人的注意和认可。他们通过朋友圈的点赞和评论来获得满足感，满足自己的虚荣心。

内心比较敏感的人发布朋友圈的频率较低，内容也变化不一，他们发朋友圈大多是为了得到他人的认可。

宜人性高的人发朋友圈没有特别明显的特征，想发什么就发什么，也不存在什么特别的目的。

归根结底朋友圈只是一个人生活的一部分，从朋友圈去定义一个人依然是片面的，想要真正地全面了解一个人，还是需要在现实中与他交往。朋友圈是一个人在网络世界的名片，它有可能是立下了人设的假名片。所以朋友圈只是我们了解朋友的一个窗口或者切口，而不是全部。

朋友圈的陷阱有哪些

大数据时代下发朋友圈难免会泄露自己的隐私，对此，有哪些风险和陷阱需要我们注意并规避呢?

1．泄漏彼此的个人隐私

在信息自由流动、网络开放化的数字时代，网络用户的个人隐私保护显得尤为重要。微信朋友圈是相对封闭的线上社会关系圈，相较于 QQ 空间和微博等更早一些的社交媒体，其对于隐私性的保护更为进化。对比 QQ 空间和朋友圈：两者都需要传播双方通过协商加为好友后才能够看到彼此网络空间中的内容，但朋友圈的私密性更强，如在 QQ 空间里，A 和 C 均是 B 的好友，但 A 不是 C 的好友，A 仍然可以看到 C 给 B 的评论；但在朋友圈里，A 和 C 均是 B 的好友，如果 A 不是 C 的好友，他将无法看到 C 给 B 的评论。再将微博与朋友圈进行对比：微博的传播双方既可以互相关注，也可以由一方自主地关注另一方，而无须经过任何协商与认证，其实现的是"所有人对所有人的传播"，是一种典型的强传播、弱关联的传播方式；而朋友圈则要求传播双方通过协商成为好友，信息在一个相对封闭的人际圈内进行传播，是典型的强关联、弱传播的传播方式。此外，朋友圈设置有屏蔽、分组可见等功能，也意在强化对用户隐私的保护。即便如此，朋友圈仍然存在着隐私泄露的风险：故意泄露信息、过失泄露信息、未经他人同意利用用户分享的信息等情况时有发生。朋友圈的设计也存在着一定的缺陷，缺乏明确的分组信息的标识：以用户分组发布的信息为例，接收到分组信息的朋友们其实无法分辨出这些信息是传播者分组发布的，且极可能认为这些信息是公开发布的，进而在二次传播中泄漏了传播者想要保护的隐私。用户隐私管理繁杂，给用户带来隐私风险，也成为部分用户弃用朋友圈的原因。

大数据时代，泄漏微信朋友圈中隐私的，除去圈子里的朋友，还有圈子背后隐形的智能网络。英国著名小说家乔治·奥威尔（George Orwell）在小说《1984》中描绘了这样一个未来社会的景象：人们受到政府的全天候监控以及公然的思想控制，个人权利消失殆尽。而近年来大热的美剧《疑犯追踪》里，主角则是一台无比强大的人工智能机器，它无时无刻不在监视监听着所有人。或许目前这仅是一部科幻剧集，但以当下科技迅猛发展的态势来看，剧中描绘的场景或许在不久的将来会成为现实。事实上，时下流行的数据分析与挖掘已经极大侵犯了网络用户的隐私权：新闻客户端能够收集用户每一次点击的信号，推测出每个用户对资讯的偏好，进而精确推送用户感兴趣的资讯，将其牢牢地黏在自己的客户端上；购物网站会根据消费者过往的消费记录推测出每个消费者钟爱的品牌及产品类型，在网站首页呈现出消费者可能需要购买的产品；而微信朋友圈则根据其采集到的用户平日间发布的诸多生活数据，判断出用户的大致喜好以及经济能力，以便精准地在朋友圈里推送广告。每个人的自我保护意识不同，有人不介意向全世界分享自己的生活点滴，也有人着实不愿意成为透明鱼缸里的那一尾金鱼。弃用朋友圈者，的确是出于对自己隐私的一种保护。

朋友圈是双面镜，既能映照出人性真情实感的一面，也能暴露出其虚伪浮夸的一面。

当然，不能在朋友圈发布谩骂的内容；对未经核实的信息，不要随意转发；更不要故意"杜撰改编"违反法律的内容。

2. 照片陷阱

图片所包含的信息量是极大的，而且发布者往往会在无形中暴露这些信息。在粉丝圈中有一群"显微镜女孩"，她们能从偶像发出的每一张生活照中发现偶像所处的位置、身边的朋友、戴的首饰品牌等，这些信息在照片中展现的部分可能很小，但这些"显微镜女孩"能借助照片的缩放功能将这些信息放大。墨镜是最容易暴露出身边人信息的物品，为你拍照的人总是"在劫难逃"，作为墨镜中的倒影而被人发现。在普通人的朋友圈中亦是如此，一张简单的照片所暴露的信息远远比你想象的要多得多。

尽量不要晒车票、护照、飞机票等，因为这些票据上的二维码或条形码都含有个人姓名、身份证号等信息，借助特殊软件，便能轻易读取；一次聚会的晒照也会暴露出你饮食的奢侈或简约。照片的信息量很大，因此我们在发朋友圈的时候要慎用照片，避免向外界暴露太多信息。

3. 真实场所陷阱

具体位置也尽量不要泄露。因为微信上有"所在位置"功能，当你晒出位置的时候，可能会给心怀不轨之人创造有利条件。我们发布朋友圈的时候要注意避免暴露自己所在的场所，避免透露自己的隐私。暴露的方式可能是图片，也可能是朋友圈自行设置的定位信息（这一功能只要有意识地去检查是否做了定位就可以避免）。一般情况下，保持位置信息的保密是最好的，避免暴露自己的旅游地点、餐饮地点，否则会给自己的人身安全带来威胁或是惹上麻烦。

4. 语言陷阱

第一，要避免错别字。有的时候打字快，我们可能会不小心输错字，如果输出的是不太常见的词汇，会给对方带来理解上的困难，对方不能清晰地了解你想要表达的内容。

如今手机输入法智能化，往往我们还没有完整地输入拼音，输入法就会自动显示出相关的文字，但这一智能化功能也存在陷阱。有时候我们盲打完内容敲一下回车键就把文字发出去了，却不料发出去的不是自己想表达的，这就是智能输入法存在的缺陷。也许你想要打出的字排在第二，却下意识地敲了回车键发出了输入法中的第一个字，如果两字之间存在完全不同的含义，就会带来误会或引发笑话。"胜利"和"生理"就是两个截然不同的词，但在输入法里靠得很近，一不小心就会出现输入错误。

第二，要注意朋友圈互动时的陷阱。朋友圈下的留言互动是一种比较常见的现象，但值得注意的是，朋友圈下两人之间看似双向的交流其实是多向发散的，或许你以为只有你们两个人才看得到这段对话，但其实只要两者之间存在共同好友，那么这些互动交流就都能被看见。隐私性的话题应避免在该形式下讨论。

5．被粉饰甚至伪造的现实

"装点"朋友圈不是成功捷径。客观而言，为了取得客户的信任，一些商家或营销人员选择让自己的朋友圈"好看"起来，这也无可厚非。但对朋友圈的优化，必须建立在实事求是的基础上。表面上的伪装，不可能取得别人真正的欣赏与信任，一个人的成功也不是靠"高大上"的朋友圈就能实现。

朋友圈未来的思考

人是所有社会关系的总和。甫一出生，便裹卷其中。有人乐在其中，如鱼得水；有人苦不堪言，欲置身事外。首先，我们来盘点下朋友圈究竟给我们带来了什么利好呢?

朋友圈的积极效应

1. 增进人们的联系与了解

很多亲朋好友因为距离问题没有办法经常见面，朋友圈为我们搭建了沟通的平台，即便无法在现实生活中相见，也能保持一定程度的联系，互相交流沟通。朋友圈的生活分享也能帮助人们了解彼此的生活状态和实时心情。在庞大的虚拟空间内，朋友圈使人际联系变得方便、快捷。

2．形成一种变相的教育传播

以父母与子女为例，不少父母在看到有意义的文章时想让子女也看一看，希望达到一定程度的思想教育目的，如果采取针对性转发，即直接将文章私发给子女看，这时的效果往往是不理想的——子女会产生反感心理，草草浏览一遍甚至不点开看；但如果父母将其分享至朋友圈，将转发对象的范围扩大化，也许反而能够达到期望效果——子女在刷朋友圈的时候看到这篇文章，可能会点开了解一番，还有可能间接性地影响朋友圈里的其他好友。

3．有利于思想观点的传播

我们看到一篇推送，表示赞同并支持时，会情不自禁地转发，这一简单的转发行为，本质上是在表达我们对于某事某物的态度看法，间接成为展示个人思想的窗口。

4．折射信息流广告的趣味现象

随着移动互联网的崛起，广告可谓无处不在，近年来社交平台的信息流广告盛行，实施精准营销。我们在朋友圈里更能频繁地刷到信息流广告。有趣的是，在一些信息流广告下我们可以看到圈内好友的点赞，甚至在评论区里讨论广告产品或是广告代言人，众人观点不一，热议纷纷。甚至有人在广告里建广告，从汽车广告联系到汽车服务，间接推销自家的汽车修理服务。

朋友圈的消极效应

　　微信朋友圈里毫无秩序的社会圈层关系，让部分用户失去了表达的欲望。用户理想中的朋友圈应当像精心装扮过的自家客厅，摆放上自己中意的照片，邀请上自己情投意合的好友，聊聊新近的日常生活或心理感受。闲暇时刻去好友的客厅里坐一坐，了解下朋友们最近都遇到了哪些新鲜趣事。只不过这些会客厅存在于网络空间中，"走家串户"起来更加方便。然而，现在大多数微信用户的朋友圈已经不是理想中的"会客厅"了。互加微信俨然成为时下最为主流的社交方式，朋友圈里除了朋友，还有各种复杂微妙的社会关系：职场上的客户、同事和领导；家族里的亲戚和长辈；某次饭局上结识的仅有一面之缘的人……面对社会关系如此凌乱的朋友圈，用户想要发布信息或动态时，便会产生各种顾虑。尽管朋友圈设置了分组和屏蔽功能，但具体操作起来总会让人觉得麻烦，难以随心地发布自己的生活状态或所思所感，久而久之，也就失去了表达的欲望，逐渐将朋友圈束之高阁。消极社交，具体如下。

1. 被迫社交

随着微信被广泛使用，越来越多的人像是被迫裹挟进了这个场域。就像社会学的场域理论所说，人的每一个行动均被行动所发生的场域影响，虽然我们可以自由选择在朋友圈展示自己还是隐藏自己，但是我们总是被迫添加一些尚不熟悉的好友或是被拉进一个原本不愿意参与的群中。有些交流明明不想参与，却不得不迎合。现在大多数人的微信里都装着上百位好友，真正交谈的却没有几个，但也不好意思去删别人。而早前汪涵就说他的微信中好友最多的时候就 100 来人，但即便如此他也已经觉得很可怕了，要把一些没有意义的好友都删除。但是真正能像汪涵这样洒脱的人也没有多少。

微信建群有一个特点——拉人进群不需要经过对方同意（当群达到一定的容量的时候才会开启是否同意邀请功能），所以很多时候我们会莫名其妙地被拉进一个群里，直接退群就表明了你的拒绝态度，会让群里的其他人觉得你不礼貌。因此也只能碍于情理去应付社交或是选择"潜水"。然而不是所有不愿参与的群都是可以轻松"潜水"的，比如同学群里，也许你不喜欢参与讨论，但对群里的任何事情都不回应、不点赞就会有失礼仪，会让同学们觉得你不尊重大家。

2. 社交压力

不难发现，我们的微信好友数量与日俱增，但通讯录里的好友有陌生的也有熟悉的，我们的微信像是一个混合体，把工作伙伴、亲朋好友和人才"大神"都混合到一起去了，边界变得越来越模糊。我们连发布一条朋友圈都要设置可见与不可见，点赞一条朋友圈都要考虑是否会被认为偏心，还要去给各种微信好友进行分类，才能避免混乱。朋友圈给人们带来了巨大的社交压力，形成一种社交过载。

微信朋友圈可视化、定格化的线上社交行为特征，在时时消耗着用户的心理能量。社交媒体的显著特征之一，是线上人际交往行为的可视化。朋友圈内自己对与他人的互动情况以及他人之间的互动情况一目了然。例如，用户能够清晰地观察到：朋友 A 对"我"的朋友圈很少关注，却时常为朋友 B 的朋友圈点赞和评论；朋友 C 发布的同一条朋友圈下面，"我"和朋友 D 都留言了，但是 C 只回复了 D，却没有回复"我"；"我"在朋友圈里新发布了一条信息，朋友 E 没有点赞也没有评论，就直接进行了转发；"我"在清理通讯录的时候，发现朋友 F 的朋友圈屏蔽了"我"，但"我"的朋友圈却一直对 F 开放着……这样可视化的线上社交行为，让用户的人际交往心理更加敏感细微，常常患得患失，难以避免地去小心计算彼此间的社交距离，消耗了不少心理能量。线上的社交关系不仅可视化，还会被定格化。在生活中或许转瞬即逝的状态或感受一旦上传至社交网络，便会被定格于社交媒体之上，个人的举动和情绪在圈子里会被放大，因此，在朋友圈社交还需要小心地维护他人的情绪和感受。客户、领导发布的信息，"我"是否应当尽可能及时地点赞或评论？朋友的求赞、求拉票和求转发，"我"原本并不想理会，但碍于面子还是会违心地点赞或转发。有时也会担心自己发布的某条动态会无意中刺激或伤害到其他人。离开朋友圈，离开这些纷纷扰扰、错综复杂的社交关系，抛开那些敏感的小情绪，为自己的生活做减法，练就日本作家渡边淳一所倡导的钝感力，真诚地对待朋友和生活，能让现实的生活与工作更加轻松愉悦，所以一部分人选择逃离朋友圈或消极社交。

3．信息过载

随着微信通讯录中好友的增加，朋友圈里的信息也变得纷繁复杂。微商、宣传、生活动态……各种各样的内容充斥着我们的朋友圈，有趣的、无趣的混杂在一起，让我们感到疲惫。虽然可以选择看或不看对方的朋友圈，但如果给列表里的朋友都进行设置，未免太烦琐。

朋友圈里用户们所发布的信息中，并不缺乏有趣味的经历、有洞见的言论和有深度的文章，但同时也存在着大量冗余无效的信息：个人生活中诸如车辆擦剐、宠物生病之类的琐碎小事；各类鸡汤励志或者健康养生文章；微商和代购们狂轰滥炸的广告信息；还有大量重复的相册内容：中秋节里刷屏的是各式月饼，周末时刷屏的是各种聚餐，下雪后刷屏的是各处雪景，难怪有网友调侃说，"最大的雪总是下在朋友圈里"。朋友圈总是喧嚣热闹的，大量冗余信息让用户置身于过度暴露、过度参与的社交情境中，一味地接收这些信息，也使思维愈加单向度。在经历了与朋友圈的"蜜月期"后，有的用户开始对这些无效冗余信息心生厌倦。而他们真正抽离这个圈子之后，恍然发现那些喧哗其实与自己并无多少联系，而独处时的安宁与独立思考时光更为可贵和纯粹。

4. 嫉妒心理加剧

人们都乐于在朋友圈传播让自己有面子的内容，佳人美景、豪华生活，不免会看得人羡慕嫉妒恨，无形之中还会让围观者产生自卑之感。也有人会开始无休止地攀比，增加所谓美好的自我展示，进入"嫉妒循环"——"你生活得好，我比你生活得更好"。但很多时候，那些表面光鲜亮丽的生活，也许只是精心设计的摆拍。无休止的攀比，只会让我们离真实的自己越来越远。

沦为"炫晒圈"的人，容易心理失衡。每个人都有着被关注、被认同的需求，每个用户在社交媒体上呈现出的总是自己最光鲜靓丽的时光片段。大多社交媒体（如国内的 QQ 空间、微博，国外的 Facebook、Instagram 等）都呈现出"炫晒"状况，朋友圈成为"炫晒圈"更是不争的事实。用户长期沉浸在朋友圈的繁华里，难免会有心理落差与失衡：当自己孤单落寞之时，总有人在晒聚会或者秀恩爱；当自己吃着简单的家常便饭时，总有人在晒饕餮盛宴；当自己伏案加班时，总有人在满世界畅快旅行……对比之下，难免会产生低落和负面的情绪。其实每个人都拥有属于自己的美好时光，也都是"炫晒大军"中的忠实成员，那些秀恩爱、秀美食、秀旅游的用户也总有孤单、吃便餐和加班工作的时刻。只是人们总有一种普遍心理，觉得别人过得比自己好，放大他人所拥有的，却忽略自己所拥有的。针对这一心理现象，中国有句俗语叫作"这山望着那山高"，西方的谚语则是"邻居家的草坪总是要绿一些"。而这种认知偏差在朋友圈这样可视化、可定格的社交媒体上表现得尤为明显。美国匹兹堡大学进行了一项科学研究，该研究面向 19 ~ 23 岁的 1787 名年轻人及其最常使用的 11 种社交软件，包括 Facebook、YouTube、Twitter、Google Plus、Instagram、Snapchat、Reddit、Tumblr、Pinterest、Vine 和 LinkedIn。研究结果表明，在社交媒体上花费时间最多的人患抑郁症的概率是花费时间最少的人的 1.7 倍，使用社交媒体越频繁，患上抑郁症的可能性越大。一些用户选择告别朋友圈，就是想调整心态，不去艳羡他人看起来五光十色的绚丽生活，不再生活在比较级的世界里，而是安心体会自己生活中的每一点小幸福，这样的心态会更健康，更具正能量。

5. 自我焦虑

　　许多人喜欢默默删掉许久都没有得到点赞或评论的朋友圈，然后陷入焦虑，思考为什么自己的朋友圈没有人点赞，是不是自己不受重视了，是不是朋友们觉得自己的朋友圈十分无趣，等等。很多人发朋友圈的初衷是获得认同感，如果没有收到点赞或评论，他们就无法获得认同感与满足感，随之会产生焦虑感,渐渐地也不敢随意发朋友圈了。为了发出一条完美的朋友圈,用户首先需要精心拍摄数张照片,再用心挑选出自己最满意的几张,接着利用各种图片处理软件进行修图、拼图,然后配上应景的、仔细斟酌的文字,才按下发送键。但这并不意味着这条信息的发布已经完成,接下来才是最激动人心的时刻:把手机紧握在手中,时刻关注着有多少朋友会为这条朋友圈点赞或评论。若是点赞或评论的人数少,多少会产生揣度心理:"我"的这条朋友圈为何不能吸引大家的关注?其中是否包含了不妥当的信息?最近"我"的人缘是否不太好?若是收获了心满意足的点赞和评论,便会高兴上一阵儿,同时还要绞尽脑汁地思考,如何尽可能得体地回复朋友们的各种评论。这样一整套流程下来,大把时间已从手机上匆匆溜走。时日一长,有的用户便会对这样的表演感到厌倦,感觉浪费时间虚度光阴。浏览朋友圈同样需要花费大量时间。与网络的时刻连接让我们总是试图跟上信息更新的脚步,害怕错过任何可能重要的事务,总是急切地想知道朋友圈里发生的每一件新鲜事。许多朋友圈用户都患有"小红点强迫症",总会忍不住反复查看朋友圈是否又出现了小红点(小红点的出现表示朋友圈的内容又有了更新)。一旦发现小红点,他们就会难以抑制地想要即刻消灭掉它,赶紧打开朋友圈查看圈子里又有了什么新动态。美国传媒理论学家道格拉斯·洛西科夫(Douglas Rushkoff)在《当下的冲击》(*Present shock*)一书中将这种现象描述为"数字精神病"。"我们为了与数据流中任何一个微小变化保持同步而采取的特别措施,到头来只是放大了这些变化在万事万物中的相对重要性"。[1]
一些用户关闭朋友圈,为自己节省出更多的时间和精力,去做
一些更有意义的事情:阅读几本好书;陪家人聊聊天;离开屏幕,
去户外赏赏绿叶,听听鸟鸣,用心感受当下真实的生活……

微信朋友圈里的社交不是一件容易之事,说的每一句话、做
出的每一个行为都需要经过一些必要的思考。但是一个人如何使
用朋友圈,由自己决定,无关的人我们可以主动删除、无关的事
我们可以不看。如果我们把对社交的需求限制在最可能在乎我们
的人中,就不至于造成社交过载的现象。

朋友圈未来趋势

1. 内容属性发生变化

如今众多人的朋友圈越来越与自身的职业或是专业挂钩,曾
经分享生活动态的平台,渐渐转变为展示个人成绩、经历等的舞
台,即朋友圈的属性从兴趣分享转向专业展示。人们对待朋友圈
的态度也愈加冷静,圈内的专业属性增强,圈内好友关系复杂,

---

[1] 王菂萱. 微信朋友圈弃用者的心理动机研究[J]. 传媒, 2017 (10):
65-69.

部分人慢慢感觉到在朋友圈内分享自拍或是娱乐生活不太合适，也开始减少发布这类内容。

2. 构成发生变化

微信最初打造的是一个纯粹的熟人环境，构建熟人社交帝国，用户在微信里多与亲近的朋友、家人取得联系，分享生活。而随着微信用户的不断增多，致力于熟人社交的微信也难以摆脱用户关系链泛化的命运。最初的亲朋好友，扩大为同事领导，随后加入点头之交、微商等。我们难以在熟悉又陌生、充斥商业味的朋友圈里随心分享自己的生活或与朋友互动。这也是后来微信推出设置"朋友圈可见范围""不让他见"等"封闭"行为的原因。如今朋友圈鱼龙混杂，虽然现阶段在社交媒体平台阵营中起着引领作用，但没有做到对朋友圈内好友的精准分类。将来朋友圈可能实现好友分层，为用户的朋友圈进行工作类、亲友类等智能分类，帮助用户在不同朋友圈里打造不同的人设。

3. 功利性增强

微信的朋友圈构成发生变化，也导致朋友圈功利性增强，人们费尽心思地设置文案、选择图片，通过朋友圈展现自己的实力——升职加薪、与红人合影、荣誉嘉奖等"竞争"相继出现，形成壮观的内卷场面。社会比较理论是费斯汀格（Festinger）在 1954 年的一篇题为《社会比较过程理论》的学术论文中所提出的。在这篇论文中，费斯汀格指出团体中的个体具有将自己与他人进行比较，以确定自我价值的心理倾向。受到社会情境的影响，个体时而与条件胜于自己者相比较，时而与条件劣于自己者相比较，两者皆旨在追寻自我价值。费斯汀格认为，个体内心有一种依靠外部的形象来评价他们自己的意见和能力的驱动力。这些外部形象可能是一个物理世界的参考框架或者是与他人进行比较而得到的。人们认为其他人描述的形象是真实的，因此就在自己、他人和理想的形象之间进行比较。

4. 同质化内容泛滥

同质化是指同一大类中不同品牌的商品在性能、外观甚至营销手段上相互模仿，以至逐渐趋同的现象，在信息中代表类型、内容等方面具有相似性。在朋友圈中，同质化内容极为泛滥，例如新冠肺炎疫情期间，某个小区出现了新病例，相关信息就会在朋友圈里广泛传播，甚至造成刷屏现象。相似的朋友圈内容十分容易让人产生审美疲劳。因此朋友圈的发布者也需要注意掌握好自己和社会的平衡点，减少相似内容的发布或转发，避免圈内好友的反感。

5. 挣脱"过滤罩"中的小世界

朋友圈内人员构成渐趋复杂、微商广告泛滥成灾、发布内容虚假刻意，越来越多的用户开始隐身其中，不表达不转发不点赞不评论。"什么都不做就什么麻烦都没有"，渐渐成为多数人支持的观点。圈内的潜水者日益增加，也许不久的将来微信朋友圈将过渡到"全民潜水"的状态。

人们将大把的时间花在朋友圈里，阅读朋友圈里好友们转发的新闻和文章，围观好友们的生活状态，关心圈子里的兴趣与话题，尽管所发送和接收的讯息越发倾向于同质化，但人们认为这就是自己的真实生活。沉醉于小圈子的用户很多时候放弃了对外部世界的探索，不再站在信息广场的中央，很少重视公共事务与公共议题的探讨，而大多数用户对这种状况却并不自知。一些意识到这个问题的朋友圈用户，尝试将自己从小圈子和小世界中抽离出来，更多地接触各类媒体提供的新闻与资讯，辩证地思考问题；更多地阅读凝聚了深度思考与智慧的书籍；更多地与良师益友就某个问题展开深入的交流；更多地参与公共事务与公共议题，扩大自己的视野与格局……他们理性地选择退出朋友圈，或者不再过多关注朋友圈，而是把更多精力投入到更为广袤的世界中。

6. 个性化定制

目前微信功能十分强大，可以实现转账、电话语音、朋友圈开会等功能，丰富的小程序也能满足用户的基本需求。未来的微信可能在功能上更偏向于个性化定制，用户可以定制自己的朋友圈，对朋友圈进行筛选，等等。有人预测朋友圈在未来对人与人现实交往关系可能产生的主要影响在于增强现实感。朋友圈可能会有助于现实交往关系的加强，衍生为现实交往的另外一种形式。

7. 倒逼线下社交，回归真实社交

微信被广泛使用，导致大部分人都通过微信添加好友来进行
联系。朋友圈已经不再是简单的"朋友"圈，而是鱼龙混杂的小
社会，亲朋好友、左邻右舍、微商、老板、客户，我们的"朋友
圈"开始充斥着各色各样的人，朋友圈也变得虚幻缥缈，因此人
们对朋友圈的态度变得相对理性和现实，更加注重线下人际关系
的巩固与发展。

减少无效社交，回归现实中的人际关系。英国人类学家罗
宾·邓巴（Robin Dunbar）提出的"150 定律"认为：人的大
脑新皮层大小有限，提供的认知能力只能使一个人维持与大约
150 个人的稳定人际关系。2020 年 1 月发布的微信数据报告显
示，近百万人好友数接近 5000。难以想象，一个人如何与 5000
人保持稳定的社交。朋友圈中许多的名字，其实仅仅只是社交的
象征符号而已，是由技术滥交导致的无效社交。在朋友圈的用户
互动中，"点赞"占比最高。原因很简单，"点赞"最为容易，几
乎无需花费心力体力，也不会表现得过于亲密。而朋友圈里最多
的便是这样清淡如水的社交关系，许多用户甚至非常享受这样清
淡的没有负担的社交。恰如美国社会心理学家雪莉·特克尔在
《群体性孤独》一书中所写的："我们时常感到孤独，却又害怕被
亲密关系所束缚。"数字化的社交关系和机器人恰恰为人们制造
了一种幻觉：我们有人陪伴，却无需付出友谊。在网络世界中我
们彼此连接，同时也可以互相隐身。但是，一部分人已经意识到

了线上社交所存在的问题，他们离开朋友圈，减少社交数量，提高社交质量，不再花费大量时间与那些"仿佛是朋友"的人保持联系，而选择把时间用在与真正的朋友相处与交流中：那些真正的朋友会愿意坐下来与你静享一次下午茶，认真地倾听和感受你所想表达的各种思想与情绪；而你也会在朋友身体不适之时带上一束美丽的鲜花前去探望，并给予自己真诚的安慰与祝福。这样面对面的社交更为真挚动人，也让生活更加明亮温暖。

参考文献

［1］ Carter, Zackery A. Married and Previously Married Men and Women's Perceptions of Communication on Facebook with the Opposite Sex: How Communicating Through Facebook Can Be Damaging to Marriages［J］. Journal of Divorce & Remarriage, 2016（1）: 36−55.

［2］ Erdin E, Klukovich E, Gunes M H. An analysis of friend circles of Facebook users［C］// Local Computer Networks Conference Workshops. IEEE, 2015: 680−686.

［3］ Lee K, Lee B, Oh W. Thumbs Up, Sales Up? The Contingent Effect of Facebook Likes on Sales Performance in Social Commerce［J］. Journal of Management Information Systems, 2015（4）: 109−143.

［4］ Liu L, Hsu Y, Zhang J, et al. A study on the embarrassment of senders who missend emojis with opposite meanings on social apps: taking WeChat as an example［J］. Psicologia: Reflexao e Critica, 2020（1）.

［5］ Shen J, Brdiczka O, Liu J. A study of Facebook behavior: What does it tell about your Neuroticism and Extraversion?［J］. Computers in Human Behavior, 2015（45）: 32−38.

［6］ Wang Y Y, Miao J, Huang X. Chinese WeChat users and their behavioural features: A case study based on the grounded theory ［J］. Current Psychology, 2020（3）.

［7］ Wu Y, Wall M. The ties that bind: How the dominance of WeChat combines with guanxi to inhibit and constrain China's contentious politics［J］. New Media & Society, 2019.

[8] 柴雨青.乡土与校园——云南省巍山县少数民族音乐文化传承路径研究［D］.北京：中国音乐学院，2015.

[9] 陈华.互联网社会动员的初步研究［D］.北京：中共中央党校，2011.

[10] 程焱.基于"产出导向法"的精读课"个性化作文"的教学尝试——以"个性化作文"中的自我表露的分析为中心［J］.东北亚外语研究，2019（2）：76-83.

[11] 邓驰韵.微信朋友圈"仅三天可见"用户特征及心理因素分析［J］.传播力研究，2019（35）：272.

[12] 冯铭钰.年轻人喜欢在朋友圈传播"丧文化"的心理机制分析［J］.新闻研究导刊，2018（1）：47-48.

[13] 高连克.论霍曼斯的交换理论［J］.齐齐哈尔大学学报（哲学社会科学版），2005（2）：8-10.

[14] 韩雪.朋友圈的"智友"效应——自媒体时代大学生朋辈心理场域的构建［A］.中国心理卫生协会大学生心理咨询专业委员会.中国特色大学生心理健康教育——第十二届全国大学生心理健康教育与咨询学术交流会论文集//中国心理卫生协会大学生心理咨询专业委员会:中国心理卫生协会大学生心理咨询专业委员会，2015:4.

[15] 黄帅."三天朋友圈可见"的背后［N］.中国青年报，2018-06-08（8）.

[16] 贾梦珂.拟剧理论视域下"凡尔赛文学"的自我呈现［J］.新媒体研究，2020（24）：118-120.

[17] 李董平，余苗梓，王才康，等.青少年自我表露和自我隐瞒的特点及其与主观幸福感的关系［J］.心理发展与教育，2006（4）：83-90.

[18] 李洪梅.自我表露训练对中学生人际交往效能感的影响[J].广西民族师范学院学报，2012（6）：132-133.

[19] 李林英，陈会昌.大学生自我表露的调查研究［J］.心理发展与教育，2004（3）：62-67.

[20] 李志文，傅晟，王洪添.社交媒体中自我呈现与主体迷失问题研究［J］.电脑知识与技术，2019（34）：201-203.

[21] 梁建成.怎样将朋友圈变成一个高活跃的社区[J].计算机与网络,2018(1):45.

[22] 林采宜."朋友圈"的行为心理学[J].财富生活,2019(5):18.

[23] 刘翠林.当代大学生反网络社交行为的个案研究——以微信社交软件的应用为例[J].文化产业,2018(16):41-44.

[24] 刘汉波.表情包文化:权力转换下的身体述情和身份建构[J].云南社会科学,2017(1):180-185+188.

[25] 刘蒙之.20世纪西方人际传播研究的理论版图[J].理论界,2009(8):168-169.

[26] 刘蒙之.美国的人际传播研究及代表性理论[J].国际新闻界,2009(3):123-128.

[27] 龙若华."点赞"行为背后的传播心理分析[J].新闻研究导刊,2016(15):308+266+288.

[28] 马笑艳.微信朋友圈的信息传播与自我认同的建构[D].锦州:渤海大学,2019.

[29] 时方圆.朋友圈现实——从心理角度分析朋友圈发布者对信息的过滤[J].新媒体研究,2017(11):22-24.

[30] 谭荣生.微信点赞的背后[J].作文通讯,2017(Z2):99-100.

[31] 唐义诚.何以让你的朋友圈三天可见[J].心理与健康,2019(5):66-67.

[32] 王旻彦.微信朋友圈自我呈现的规训研究[D].广州:华南理工大学,2020.

[33] 王明珠,秦婧雪.大学生在社交网站中的自我表露及与孤独感的关系[J].中国校医,2012(9):641-643+646.

[34] 王苘萱.微信朋友圈弃用者的心理动机探究[J].传媒,2017(10):65-69.

[35] 王心妍.微信老年用户自我表露行为及动机研究[D].成都:西南交通大学,2020.

[36] 王莹.微信到微博——从逃离社交媒体看人际关系重构[J].

新闻论坛，2021（1）：99-102.

[37]谢新洲,安静.社交媒体用户自我表露的影响因素分析[J].出版科学，2016（1）：10-14.

[38]徐正彦.朋友圈晒美食的心理机制和社会影响分析［J］.新闻研究导刊，2017（14）：85.

[39]杨朝清."微信拉黑父母"背后的观念冲突［J］.时代青年（视点），2014（8）：4.

[40]杨月.大学生微信朋友圈使用心理研究[J].新闻研究导刊，2019(15)：207-208.

[41]佚名.分析一下你的朋友圈照片，就能预测抑郁症?［EB/OL］.果壳 https：//www.guokr.com/article/442359/.

[42]佚名.没有人的朋友圈［EB/OL］.http://tech.sina.com.cn/csj/2018-09-18/doc-ifxeuwwr5441014.shtml.

[43]于洋."赞"背后的心理动因——以微信朋友圈为例［J］.大众心理学，2015（5）：39-40.

[44]余冰玥.在朋友圈遇见"丧"［N］.中国青年报，2020-10-23（6）.

[45]张运红.大学生自我表露与心理健康水平的关系研究［J］.中国健康心理学杂志，2012（4）：580-582.

[46]章煜琦.浅析朋友圈 ins 风野餐文化现象——充满仪式感的心理精装修［J］.新闻研究导刊，2020（19）：229-230.

[47]赵雅文，高岩研，刘拓，等.人格特质对微信用户朋友圈点赞行为动机影响的研究［J］.心理与行为研究，2017（2）：270-275.

[48]朱剑卿，胡晓林.微信朋友圈的使用心理分析［J］.传播与版权，2017（6）：120-122.